# AI+
## 人工智能时代新商业模式

赵亚洲
肖　军　编著
乐粉鹏

·北京·

## 内容简介

《AI+：人工智能时代新商业模式》全面解读了信息时代人工智能（AI）技术的发展和应用领域，对多个应用领域的商业模式进行了深入分析，包括农业、工业、交通物流、金融、教育、医疗健康、养生养老、文化旅游、电子商务、互联网社交、公共事务、军事国防、家庭生活等，以各领域创新案例为线索分析AI与各行业、产业融合的商业模式，内容丰富、涉及面广。

本书适合从事人工智能商业化投资工作的人士阅读，也可作为人工智能领域创业人士的参考书；同时，对人工智能感兴趣的人群也可以阅读。

### 图书在版编目（CIP）数据

AI+：人工智能时代新商业模式 / 赵亚洲，肖军，乐粉鹏编著．—北京：化学工业出版社，2022.9（2024.1重印）
ISBN 978-7-122-41862-3

Ⅰ.①A… Ⅱ.①赵…②肖…③乐… Ⅲ.①人工智能-应用-商业模式-研究 Ⅳ.①F716

中国版本图书馆CIP数据核字（2022）第129324号

责任编辑：雷桐辉　　　　　　　　文字编辑：袁　宁
责任校对：刘曦阳　　　　　　　　装帧设计：王晓宇

出版发行：化学工业出版社
　　　　　（北京市东城区青年湖南街13号　邮政编码100011）
印　　装：涿州市般润文化传播有限公司
880mm×1230mm　1/32　印张7¼　字数195千字
2024年1月北京第1版第2次印刷

购书咨询：010-64518888
售后服务：010-64518899
网　　址：http://www.cip.com.cn

凡购买本书，如有缺损质量问题，本社销售中心负责调换。

定　　价：59.80元　　　　　　　　　　　　　版权所有　违者必究

# 前言 PREFACE

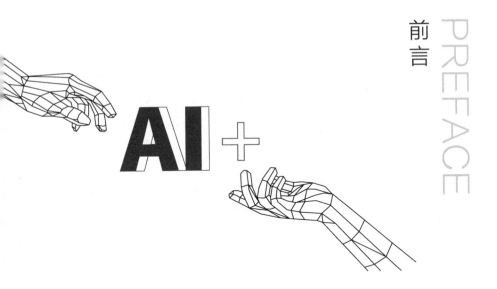

## 世界正变得更智能

人类在文明进化路上,从无知走向开智,从部落到建立王朝,再到朝代更迭,经历了漫长的历史变迁。在漫长历史进程中,科学发明一直是源动力,无论是中国四大发明还是西方工业革命,都显著改变着人类社会发展进程。

20世纪中后期,计算机、手机和互联网出现,无形中缩短了人与人之间的沟通距离,把人类社会带入到了互联互通的网络信息时代。互联网普及产生了大量数据交换,同时也加速了分工和协作,这都为人工智能爆发创造了条件。

2016年,谷歌旗下Deepmind研发的围棋AI——AlphaGo战胜了李世石,震惊了世界,大众才意识到人工智能已经如此聪明和强大。随后,大量人工智能应用如春笋般破土而出,如智能音箱、人脸识别、分拣物流机器人、服务机器人、无人机等。人工智能走入了人们的生产生活，智能化已经成大势所趋。

在国家政策、市场需求、资本驱动等多重因素推动下，人工智能产业提速，互联网巨头企业加速布局，大量初创型中小企业扎根人工智能，传统产业的大型国企、民企也纷纷引入人工智能要素，投资者也加大了对人工智能的投资力度。2016年后，人工智能技术快速产业化为落地场景和应用产品，并已经应用到各行各业，渗入生活、工作中的各个角落。

人工智能已应用于农业生产和运输全过程中，从产前的土壤分析、水灌溉、种子鉴别，到产中的无人机植保、作物监测和田间管理，再到产后的收割分拣、质量检测、溯源等。人工智能在农业中的应用，起到了有效规避和预防灾害，科学合理化种植方案，提高种植、收割、运输效率等作用。

人工智能在工业中的应用有数据可视化、工业机器人、智能检测探损等，但目前提及最多的是人工智能与工业互联网结合，中、美、德、日等国都十分重视，出台了政策支持该领域发展。AI+工业能够给传统工业注入新活力，实现创新创造，降本增效。

人工智能在商业中的应用十分广泛，有智能客服、AI大数据营销、物流搬运机器人、分拣机器人等。AI+商业创新了商业模式，实现了客户精准营销和高效物流运输，提高了效率，增加了效益。

AI在公共事务和家庭生活中的应用也十分广泛，AI在国家智慧城市建设中已经崭露头角，同时也是新基建七大领域之一，应用前景十分广泛。在家庭生活中，二维码和刷脸支付方便了消费者。随着5G发展，智能家居也进入了发展快车道。

2020年，新型冠状病毒肺炎疫情突如其来，人工智能技术在疫情中的发挥超出想象，在自动测温系统、疫情跟踪、同乘查询、线上问诊、新药研发等环节都起到了关键性作用，对疫情有效防控和减少损失方面的作用不可估量。

AI显著影响着我们生产生活的各个领域，政府官员、企业人员、金融从业者、媒体从业者等各界人士，都无法漠视其存在。我们在享受AI带给我们好处的同时，也存在深深疑虑，比如人工智能是否会带来技术垄断霸权和大量失业；高度智能化的AI是否会失控，反过来控制人类甚至毁灭人类；高度智能化人形机器人是否应该具备和人类一样的地位，以及带来一系列法律和伦理问题；等等。

尽管其中有一些看起来似乎很遥远，但人们已经产生了这样的顾虑，根源是技术独占和不可控有可能带来霸权和失控。假如某公司突破了跨时代技术，不排除一家公司的力量超过一个大国，甚至决定人类命运，那么这家公司是遵守人类规范还是主张霸权奴役，这将很难预测。这并不是天方夜谭，我们在电影中曾看到过一家生物公司拥有致命生物武器，或者一家高科技公司能突入所有政府、金融网络，带来致命威胁。随着AI发展，这可能成为现实，我们必须防患于未然。而且AI会自我学习和进步，这曾经只是人类独有的能力，如果将来高度智能化AI产生独立意识，再加上其强大的学习能力，如果与人类发生冲突，人类恐怕不是对手。但我们也不能因为害怕AI而故步自封，关键是我们是否能主动了解AI，掌控AI发展进程，未雨绸缪，让AI做对我们有益的事情，规避和防范可能发生的威胁及损失。

所以首要任务就是真正了解AI，这正是本书的目的。本书首先介绍了AI的概念、发展历程及基本原理，力求通俗易懂。然后重点从行业维度解读AI的应用，分析其带来的商业变革和冲击，通过典型案例深入剖析其商业模式和技术特点，解读AI技术是如何带来改变的。最后，立足现有发展状况，结合技术特性预测发展路线图，客观分析和展望AI未来新商机和技术突破方向，分析其对国家安全、法律、道德伦理和就业等产生的影响。

通过本书，笔者希望尽可能让人们全面深入了解 AI 发展和应用，以及一些商业模式创新，从中获得一些启示，在生产生活、就业创业、经商活动中开拓思维和视野；也希望能对那些 AI 从业者、AI 法律伦理关注者有所益处。

编著者

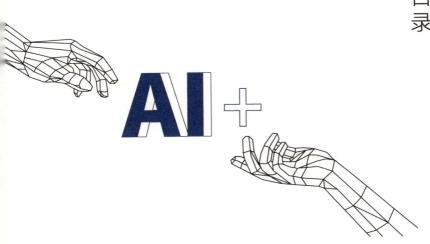

# 第 1 章
# AI 概述

1.1　AI 概念、起源和发展历程 ……………………………… 002

1.2　AI 主要技术方向和基本原理 …………………………… 004

# 第 2 章
# AI 改变人类生产生活

2.1　AI 促使生产方式变革 ……………………………………… 016

2.2　AI 让生活方式发生转变 …………………………………… 020

2.3　AI 行业应用下商业模式创新 ……………………………… 022

# 第 3 章
## AI+ 农业

3.1　AI 加速农业现代化、智能化进程 ………………………… 025
3.2　AI 在农业生产全过程中广泛应用 ………………………… 026
3.3　AI+ 农业典型商业模式创新案例分析 …………………… 033

# 第 4 章
## AI+ 工业

4.1　工业互联网促成产业智能升级转型 ……………………… 037
4.2　AI 让工业机器人更加智能 ………………………………… 038
4.3　工业互联网平台国内外创新案例分析 …………………… 039

# 第 5 章
## AI+ 交通物流

5.1　智慧交通让出行更方便 …………………………………… 052
5.2　AI 在交通行业中的重要应用场景 ………………………… 053
5.3　AI 让物流更高效和低成本 ………………………………… 061
5.4　AI+ 物流典型企业分析 …………………………………… 064

# 第 6 章
## AI+ 金融

**6.1** AI 在金融行业变得越来越重要 ⋯⋯⋯⋯⋯⋯⋯⋯⋯⋯ 067
**6.2** AI 技术在金融领域的主要应用 ⋯⋯⋯⋯⋯⋯⋯⋯⋯⋯ 067
**6.3** AI+ 金融典型平台模式——苏宁易付宝 ⋯⋯⋯⋯⋯⋯⋯ 074

# 第 7 章
## AI+ 教育

**7.1** AI 在教育领域的应用前景广阔 ⋯⋯⋯⋯⋯⋯⋯⋯⋯⋯ 086
**7.2** AI 在教育领域的应用现状和趋势 ⋯⋯⋯⋯⋯⋯⋯⋯⋯ 087
**7.3** AI+ 教育典型商业模式创新案例分析 ⋯⋯⋯⋯⋯⋯⋯⋯ 098

# 第 8 章
## AI+ 医疗健康

**8.1** AI+ 医疗健康助力健康中国建设 ⋯⋯⋯⋯⋯⋯⋯⋯⋯⋯ 102
**8.2** AI+ 医疗健康技术创新产生新的商业机会 ⋯⋯⋯⋯⋯⋯ 103
**8.3** AI+ 医疗健康典型商业模式创新案例分析 ⋯⋯⋯⋯⋯⋯ 108

# 第 9 章
# AI+ 养生养老

9.1　智能养老成为未来发展趋势 …………………… 117
9.2　AI 提升养生养老产品和服务水平 ……………… 118
9.3　AI+ 养生养老商业模式创新案例分析 …………… 127

# 第 10 章
# AI+ 文化旅游

10.1　智慧旅游带来变革和新增长机会 ……………… 132
10.2　旅游智能化加速了关联产业融合发展 ………… 133
10.3　AI+ 文化旅游典型商业模式创新案例分析 …… 140

# 第 11 章
# AI+ 电子商务

11.1　AI 使电子商务更精准、更高效、更智能 ……… 143
11.2　智能机器人在电子商务领域的应用 …………… 148

# 第 12 章
# AI+ 互联网社交

- 12.1 互联网社交在 AI 加持下的巨大影响力 ......... 152
- 12.2 AI+ 互联网社交的商业化创新与发展 ......... 155
- 12.3 AI+ 社交典型商业模式创新案例分析 ......... 158
- 12.4 智能科技让自动售卖货柜更智能和高效 ......... 161
- 12.5 AI+ 电商商业模式创新案例分析 ......... 163

# 第 13 章
# AI+ 公共事务

- 13.1 智慧城市和数字乡村成为发展方向和趋势 ......... 166
- 13.2 智慧城市顶层设计标准及主要厂商思路架构 ......... 168
- 13.3 智慧城市中 AI 技术的应用 ......... 176
- 13.4 AI+ 公共事务商业模式创新案例分析 ......... 180

# 第 14 章
# AI+ 军事国防

- 14.1 AI+ 军事国防成为大势所趋且日益重要 ......... 184

14.2　AI 在军事国防领域的应用分析 …………… 187

14.3　AI+ 军事国防典型商业模式创新案例分析 …… 190

## 第 15 章
## AI+ 家庭生活

15.1　智能家居成为未来家庭的重要组成部分 …… 194

15.2　家庭生活中的教育、医疗等服务机器人 …… 198

15.3　智能家居与未来生活典型商业模式创新案例分析 …………… 202

## 第 16 章
## AI 展望

16.1　AI 的重要发展方向和趋势 …………… 206

16.2　AI 高速发展带来的法律和伦理问题 …………… 210

16.3　AI 带来的机遇和挑战 …………… 212

结语 …………… 216

参考文献 …………… 218

# 第 1 章

# AI 概述

## 1.1　AI概念、起源和发展历程

人工智能就是研究如何去模拟、延伸和扩展人类智能,并将其应用到实践的一门科学。如果给人工智能分层次的话,那么笔者认为至少分三个层次:第一层是基础层,即芯片,如CPU/GPU/FPGA/ASIC,作为硬件载体,类似人的大脑中枢;第二层是算法层,比如决策树、神经网络等,神经元网络试图通过模拟大脑神经元网络处理、记忆信息的方式,完成类似人脑的信息处理功能,可以简单理解成大脑思维运行方式;第三层是技术应用层,基于某种算法和具体技术结合产生应用,比如神经元网络和语音技术结合产生智能语音,可以简单理解为经过思维处理后的话语。AI三个层次如图1.1所示。

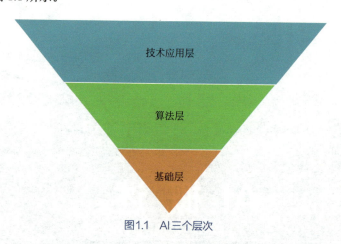

图1.1　AI三个层次

《列子·汤问》中曾经记载,在公元前900多年,周穆王西巡的时候有人进献了一个木偶,这个木偶可以唱歌跳舞,几乎可以以假乱真。由于时代久远,我们无从判定这件事情的真伪,但至少知悉中国古代就已经有了对人工智能的设想和探索。

据可公开查证资料显示，人工智能真正作为一门学科或者概念被提出来是在 1956 年，麦卡锡（McCarthy J）、明斯基（Minsky M L）、罗彻斯特（Lochester N）和香农（Shannon C E）等人在达特茅斯"人工智能夏季研讨会"（Summer Research Project on Artificial Intelligence）上讨论到用机器模拟人类智能问题，首次提出了人工智能概念。

笔者认为，人工智能从 1956 年发展至今，可以分成四个发展阶段——萌芽期、成长期、发展期、壮大期。

萌芽期（1956—1969 年）：自 1956 年会议之后的 13 年间，在机器学习、定理证明、模式识别、专家系统及人工智能语言等方面都取得了一些成就。这些成就像刚破土而出的嫩芽一样，让人们十分期待着它的成长。

成长期（1970—1995 年）：1970 年后，专家系统在行业的应用和第一个拟人机器人的出现，标志着人工智能进入成长期。1970 年，日本早稻田大学建造了第一个由肢体控制系统、视觉系统和会话系统组成的拟人机器人 WABOT-1。

发展期（1996—2015 年）：1995 年后，Windows95 的出现加速了软件开发和网络普及，推动了互联网和分布式计算发展，促进了人工智能成长。在这一时期，智能语音、图像识别、专家系统、无人驾驶、机器人等都快速发展起来，并有了广泛应用。

壮大期（2016 年至今）：2016 年，谷歌人工智能 AlphaGo 战胜了世界围棋冠军李世石是 AI 发展起来的一个标志性事件，基于围棋的复杂性，说明了机器学习能力之强，这意味着人工智能已经发展壮大起来，在某些方面已经超过了人类。

随着芯片技术、5G、云计算、物联网等发展，无论是技术研发还是商业化进程，人工智能都在向着更广、更深、更细的层次发展，已经进入高速发展快车道。

## 1.2 AI 主要技术方向和基本原理

### 1.2.1 智能语音

智能语音技术是人工智能研究领域之一，其原理涉及声学、语言学、计算机科学等多个学科，由于研究周期长、投入成本大、技术壁垒高等，全球语音市场已基本形成垄断格局。全球主要智能语音研发和应用企业有 Nuance、科大讯飞、苹果、谷歌、微软、百度、腾讯等。

智能语音技术研究最早起源于贝尔实验室，斯坦福大学、卡内基梅隆大学、中国科学技术大学等学校的研究为智能语音产业发展奠定了坚实的基础。苹果 Siri 的雏形来自美国国防高级研究计划局（DARPA）的 CALO 项目。Nuance 公司（Nuance Communications, Inc.）是源于斯坦福大学的 STAR 实验室。科大讯飞也是源于中国科学技术大学语音实验室。

智能语音包含语音识别、语言处理、语音合成三项主要技术。实际上，现有的智能语音基本都局限在某特定场景的应用，是基于大量限定场景数据库的机器学习实现的，本质上还不具备人的意识，并不是自主选择，而是基于优选答案的精准的机械应答而已。下面以谷歌公司的智能语音 Duplex 为例来解释智能语音基本工作原理。

2018 年度的谷歌开发者大会（Google I/O 2018）上，谷歌展示了在智能语音领域的最新进展——Duplex，这款新的智能语音在特定领域解决了三个关键问题：自然语言语义的识别，语音语义处理（神经元网络 RNN），自然语音生成。如图 1.2 所示。

具体过程为，输入语音先经过自动语音识别系统（ASR）处理，生成的文本会与上下文数据以及其他数据一起输入 RNN，生成的应

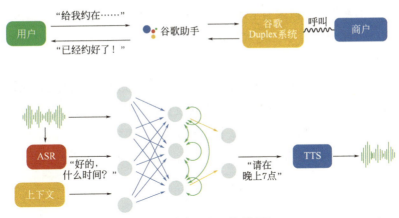

图1.2 谷歌Duplex处理过程

答文本再通过文本转语音系统（TTS）读出来。Duplex系统的核心是RNN，为了达到高精度，谷歌用匿名的电话对话数据训练了Duplex的RNN。这项技术突出表现在对话十分自然流畅，没有延迟和机械语音，如果事先没有说明，无法分辨出是AI和人类在交谈。

目前，在特定领域和场景的智能语音技术已经很成熟，应用领域遍布在智能助手、产品营销、生活家居、车载系统、智能教育、智能医疗等多方面，且应用方式也呈现多样化，语音交互、语音转语音（翻译）、语音转文字、文字转语音、多种语言文字或语音之间相互转换，尽管转换还不够完美，但已经相对比较成熟。

### 1.2.2 视觉识别

视觉识别是使用计算机及相关设备形成视觉识别系统（机器视觉系统），这种视觉识别系统是对生物视觉的一种模拟和功能拓展，可以进行检测、识别和判断。

机器视觉技术，是一门涉及人工智能、神经生物学、心理物理学、计算机科学、图像处理、模式识别等诸多领域的交叉学科。机器视觉技术最大的特点是速度快、信息量大、功能多。基于深度学习的图像识别技术的出现，极大地提高了机器视觉的识别精确度，在一些特定场景下，机器的识别错误率已经远低于人眼识别的错误率。

机器视觉系统主要由三部分组成：图像的获取、图像的处理和分析、输出或显示。以成都华澳兴业科技有限公司来直观了解机器视觉系统在质量检测领域的应用。图1.3为来自华澳科技官网的缺陷检测识别系统架构，其很好地展示了从输入、处理到输出的三个过程。

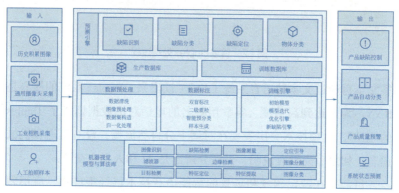

图1.3 缺陷检测识别系统架构

目前，视觉识别应用于图形搜索、人脸识别、质量检测、无人驾驶、智能医疗、机器人等诸多方面。在中国，目前应用最广泛的就是高铁人脸识别，通过人脸和身份证上照片比对进站。利用人脸识别进行罪犯追踪和人员查找也取得了很好成效。利用视觉识别辅助进行疾病甄别也已经进入部分医院，腾讯觅影的食管癌智能筛查系统最为成熟，准确率高达90%，该系统已于2017年8月在广西壮族自治区人民医院上线。

机器视觉应用十分广泛，凡是需要视觉判定就有其用武之地。只不过有的是对静态图形判定和处理（如图形搜索），有的是对动态图形预判和处理（无人驾驶），技术复杂程度不同。机器视觉的先进性很大程度依赖于GPU（图形处理芯片）和算法。

### 1.2.3 智能专家系统

智能专家系统是一个集成了大量知识和专家经验的智能化的计算机程序系统。可以用来解决某一领域问题。如城市智能交通系统通过人、车、路的信息收集和智能化调配，能够起到缓解交通拥堵，提高路网通过能力，减少交通事故等作用。如图1.4所示为IBM智能交通系统。

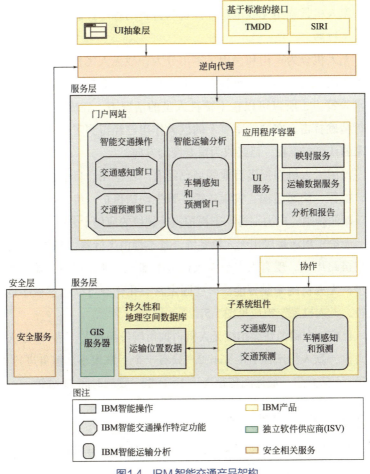

图1.4 IBM智能交通产品架构

IBM智能交通产品（智能专家系统）通过对从道路上的传感器和设备上收集而来的数据或从其他代理机构得到的数据（包括实时数据和历史数据）进行分析，可以达到预测需求，优化资源配置的目标。

现今，智能专家系统一个重要应用方向就是工业互联网，可以起到提质增效，降低安全风险等诸多作用，拥有广泛应用前景。

### 1.2.4 无人机

无人机是利用无线电遥控设备和自备的程序控制装置操纵的不载人飞行器。

无人机分为军用和民用，军用分为作战无人飞机和靶机。作战无人飞机具有成本低、维护少、无飞行员、没有与人相关的安全性要求等特点，所以可以在不牺牲人员的情况下，完成高风险任务，进行精确打击，在国防军事上的巨大作用已经得到了世界上大部分国家的认可与重视，已经成为重要发展方向。

民用无人机在很多行业领域已经有广泛应用。目前在航拍、农业、植保、快递运输、灾难救援、野生动物保护、传染病监控、测绘、新闻报道、电力巡检、影视拍摄等领域的应用十分广泛。

无论军用还是民用无人机系统，基本都由飞行器、控制站（端）、通信链路组成。现有大多数无人机基本都需要地面控制。随着技术进步，无人机越来越智能，一些固定常态化任务可以通过程序自动执行。无人机系统组成见图1.5。

目前，大疆消费级拍摄无人机占据市场份额较大，图1.6是大疆无人机一款入门产品DJI Mini 2，只有一个手掌大小，但可进行4K拍摄，4倍变焦，最远图传距离达10公里，续航时间31分钟。

### 1.2.5 无人驾驶汽车

无人驾驶汽车主要依靠车内的以计算机系统为主的智能驾驶系统来实现无人驾驶。

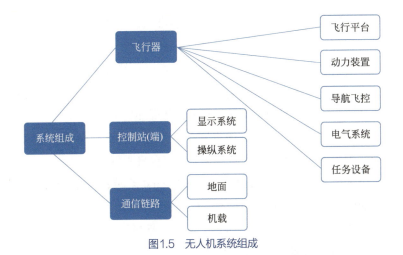

图1.5 无人机系统组成

图1.6 大疆DJI Mini 2

目前国际上主要有两套无人驾驶标准，一套是由美国国家高速公路安全管理局（National Highway Traffic Safety Administration，NHTSA）制定，另一套是由国际汽车工程师协会（Society of Automotive Engineers，SAE）制定，下面是SAE的分级。

① L0（有人驾驶）。该级别完全由人进行驾驶。

② L1（驾驶者辅助）。该级别车辆具有了一些车辆功能，如动态稳定控制系统。大多数现代车都在这个级别中。

③ L2（部分自动化）。该级别车辆涉及至少两个主要功能的自动化。例如，一些高端车辆提供的主动巡航控制和车道保持辅助系统。

④ L3（条件自动化）。该级别车辆可以在某些条件下进行自动驾驶，但驾驶员可以接管汽车控制。

⑤ L4（高度自动化）。该级别车辆可以始终处于完全自主控制的状态，即使没有驾驶员也能操作，不过是在限定区域或限定环境下（如固定园区，封闭、半封闭高速公路等环境）。

⑥ L5（完全自动化）。该级别车辆实现了真正意义上的可以在每个驾驶场景中（不局限于特定场景）完全自主驾驶。

目前大多数无人驾驶公司处于L2～L4阶段。L4的无人驾驶，在产业园区、矿区、景区或码头等已经投入使用。

2018年1月，谷歌（Google）从美国亚利桑那州交通部门获得无人驾驶汽车的商用许可，为美国首例，这是无人驾驶技术的重大进展。Google自动驾驶汽车使用一台由Velodyne公司提供的64位三维激光雷达将周围环境绘制成一幅3D地图，并与Google的高精度地图相结合，利用计算机以及云端网络进行大数据处理，最终实现自动驾驶功能，见图1.7。

图1.7 谷歌自动驾驶示意图

## 1.2.6　工业机器人

国际上通常将机器人分为工业机器人和服务机器人两大类。

工业机器人是集机械、电子、控制、计算机、传感器、人工智能等多学科先进技术于一体的现代制造业中重要的自动化装备。工业机器人主要组成：提供机器人动力来源的驱动设备（driver），例如电动机、减速器等；臂部、足部、轮子与关节等机动设备（mobility）；相机、激光测距仪等感测设备（perception）；信息处理与传递的控制设备（control）；包含了语音、人机接口等的通信设备（communication）以及电源（power）。图1.8为拆解工业机器人构成图。

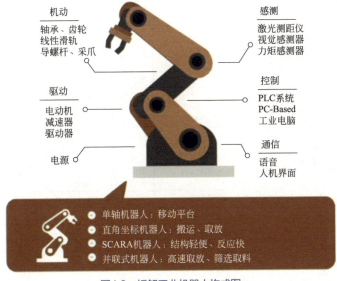

图1.8　拆解工业机器人构成图

当前，工业机器人的应用方向主要有弧焊、点焊、装配、搬运、喷漆、检测、码垛、研磨抛光和激光加工等。主要应用于汽车制造和工程机械行业。主要企业有ABB、库卡、FANUC、安川、新松等。我国工业机器人正在迎头赶上，但在高端产品和核心零部件（如伺服电机）上与日、美仍有一些差距。

## 1.2.7 服务机器人

服务机器人可以分为专业服务机器人和家庭服务机器人。专业服务机器人有医疗机器人、物流机器人、清障机器人、消防机器人等。家庭服务机器人有教育机器人、娱乐机器人、清扫机器人等。

国内教育与娱乐类机器人领域领先企业优必选的 Alpha2 的产品参数如图 1.9 所示。

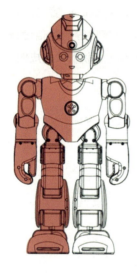

| 产品尺寸 | 高度438mm，宽度218mm，厚度122mm |
|---|---|
| 自由度 | 20个自由度 |
| 材质 | 铝合金结构，PC+ABS外壳 |
| 喇叭 | 3W立体声喇叭 |
| 处理器 | Exynos 5260六核处理器 |
| 运行内存 | 2GB DDR3 |
| 内部存储 | 16GB |
| 操作系统 | 安卓(Android)4.4 |
| 直流供电 | 11.1V 2150mA·h锂电池组 |
| 控制方式 | 手机APP或语音控制 |
| 灯效 | 眼睛RGB三色LED，耳朵LED灯光，手部灯光，胸部按键三色LED |
| 调试与下载端口 | USB或Wi-Fi |
| 保护设计 | 过温保护，短路保护，电量检测 |
| 内部传感器 | 三轴加速度传感器，头部和手部电容触控传感器，声呐传感器，嘴巴红外手势识别传感器 |
| 通信方式 | 高速Wi-Fi上网 |
| 适配器 | 14V ⎓ 3.5A |

图1.9 Alpha2的产品参数

Alpha2 属于双足仿人形机器人，是结构复杂、高度集成的机器人。这款机器人同样由控制系统、传感系统、驱动系统、执行系统、电源等构成，由于有 20 个灵活的舵机关节，保障了其灵活性。这款机器人一个关键的核心技术正是舵机技术，其舵机技术已经处于国际先进行列，但是舵机的价格却比国际上同等水平的机器人便宜很多，甚至不到十分之一，超高性价比是该机器人能取得成功的关键。

## 1.2.8 外骨骼机器人

外骨骼机器人是融合传感、控制、信息、移动计算等为一体的智能可穿戴设备。如洛克希德·马丁公司的 HULC。

HULC 第三代外骨骼机器人系统结合了 ExoHiker$^{TM}$ 和 ExoClimber$^{TM}$，表现出两个明显优异特征：第一，穿戴 HULC 的士兵可以在负重 200 磅❶的情况下正常行动；第二，增强了耐力，降低了新陈代谢消耗，可以避免过量的氧气消耗导致过早疲劳。这在军事上具有十分明显的应用价值。

HULC 本质上是一个由电池驱动的外骨骼。主要的结构集中在下身，在髋关节和膝关节处都有液压组件。200 磅的负载通过配置可选的承载部件搭载，把重量均匀分散在外骨骼上，不需要穿戴者来承重。HULC 的感应器能自动侦测穿戴者的行动意图，然后驱动液压组件做出相应的动作，保证 HULC 的动作与穿戴者的动作一致。

## 1.2.9 智能穿戴产品

智能穿戴产品是对日常穿戴进行智能化设计开发出的可以穿戴的智能化产品的总称。智能穿戴设备通过软件系统以及数据交互、云端交互来实现强大的功能。目前可穿戴设备的产品形态主要有智能眼镜、智能手表、智能手环等。其功能覆盖了健康管理、运动测量、社交互动、休闲游戏、影音娱乐、定位导航、移动支付等诸多领域（图 1.10）。

目前主要的几个应用方向是运动监测、健康监测、GPS 定位。不容忽视的是，智能眼镜、智能首饰、智能服饰等其他智能穿戴产品均有巨大潜力。随着技术的进步，智能穿戴将更智能，很多科幻电影中的智能穿戴产品将成为现实，智能穿戴将不断影响和改变我们未来的生产和生活方式。

---

❶ 1 磅约 0.454kg。

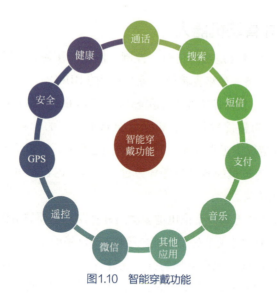

图1.10 智能穿戴功能

# 第 2 章

# AI 改变人类生产生活

## 2.1  AI 促使生产方式变革

人工智能技术正在改变很多行业生产方式。

① 农业领域。无人机植保具有高效安全、成本低、节约水药、效果显著等优点，近年来发展迅速。据报道，2018 年，国内仅大疆植保无人机一家累计作业面积就已经超过 1 亿亩。无人机植保在降本增效的同时，避免了农药对人的伤害，正成为新发展趋势。这给农业植保领域带来了一种全新的生产方式，涌现出了一批专业植保公司，并诞生了新的职业——植保飞手。表 2.1 为无人机植保粮食作物的应用场景。

表2.1  无人机植保粮食作物的应用场景

| 应用场景 | 说明 |
| --- | --- |
| 精准施药 | 提高农药利用率，可提高 40% 以上，实现减药控害，提质增产 |
| 均匀播撒 | 山地、丘陵、梯田、平原等地形实现均匀撒播，效率高，成本低 |
| 节水安全 | 比传统模式节水八分之一以上，防止药液泄漏对人体造成伤害 |
| 数字管理 | 依托数据平台，实现智能化、可视化管理 |

② 医药研发。新药研发具有研发周期长、研发费用高、研发风险大三大痛点，人工智能可应用于药物研发中的多个场景，帮助提高新药研发的效率和成功率。目前应用场景主要集中于药物靶点的确认、活性化合物的筛选、药物安全性的评估、药物有效性的测试。例如 BergHealth 舍弃传统的"先假设再验证"的反复试错法，通过使用真实患者数据，先找到最有可能成立的假设，再进行验证。这种新方法可能只需要 9 ~ 12 个月就能研制出一款药物。这改变了药物研发模式和周期。BergHealth 的 BAICIS 人工智能分析系统还能通过风险因素分析建立预测模型，得出结论，进而融入到护理服务系统中。如图 2.1 所示。

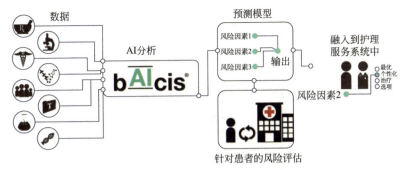

图 2.1　BergHealth 的 BAICIS 平台

③ 柔性制造。人工智能洞察用户需求，赋能柔性制造。例如，酷特（原红领）自主研发的产品实现全流程的信息化、智能化，把互联网、物联网等信息技术融入到大批量生产中，在一条流水线上制造出灵活多变的个性化产品。酷特通过互联网将消费者和生产者、设计者等直接连通，个性化定制的服装 1 件起定制，传统服装定制生产周期为 20~50 个工作日，酷特已缩短至 7 个工作日内。这种 C2M 新模式从需求入手，以 AI 赋能，减少了中间环节和库存，彻底颠覆了传统生产方式。如图 2.2 所示（见 018 页）。

④ 物流分拣。我国以无人仓为代表的智慧物流越来越成为物流变革的重要驱动力。根据京东物流最新公布的无人仓相关数据，其智慧大脑能够在 0.2 秒内计算出 300 多个机器人运行的 680 亿条可行路径；智能控制系统反应速度是人的 6 倍；分拣"小红人"速度达 3 米每秒，为全世界最快的分拣速度；运营效率是传统仓库的 10 倍。见图 2.3（019 页）。

⑤ 建筑行业。人工智能可以将建筑设计、建造、运维的各个阶段融会贯通。可将建筑设计系统或者外部资源快速转换成以构件为模块的设计研究对象，将复杂的设计标准化、产品化，使建筑设计系统高度集成化。《关于加快新型建筑工业化发展的若干意见》指出：大力推广建筑信息模型（BIM）技术；加快推进 BIM 技术在新型建

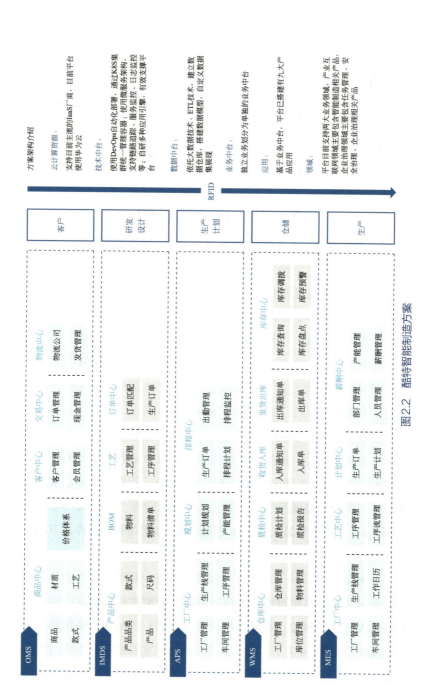

图2.2 酷特智能制造方案

图2.3 京东物流分拣机器人

筑工业化全寿命期的一体化集成应用；充分利用社会资源，共同建立、维护基于 BIM 技术的标准化部品部件库，实现设计、采购、生产、建造、交付、运行维护等阶段的信息互联互通和交互共享。如图 2.4 所示。试想，在建筑设计之初，通过人工智能就可以进行大量气候环境模拟、绿色节能分析、日照遮阳计算、交通流量统计等深

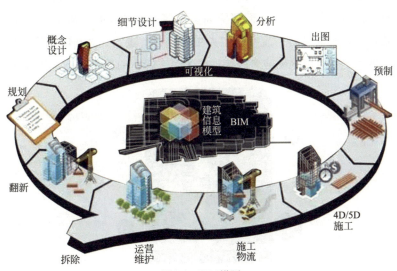

图2.4 BIM模型

度研究，对决策选择和提前展示都有很大帮助，这是传统建筑设计难以比拟的。

以上仅列举了几个人工智能行业应用改变生产方式的例子，这样的例子还很多。随着人工智能在行业中的应用不断加深，未来各行各业生产方式都会因此而发生根本性改变。

## 2.2 AI让生活方式发生转变

人工智能在改变人们生产方式的同时，也在改变人们的生活方式。

① 智能语音助手。类似Siri的个人智能语音助手让很多人养成了与设备交谈的习惯，并减少了触摸屏幕的时间。除了提醒功能和互联网搜索，这些语音助手正越来越智能，越来越像一个真正的私人助理，可以安排行程、协调时间、告知交通状况，提供可行的解决方案，并可以进行简单情感交流等。

② 智能出行。人工智能在交通领域的应用正在改变着我们的出行，比如，传统出行我们要提前做功课，查询目的地和交通方式、费用，计算时间等。现今有了人工智能后，我们只需利用智能出行软件，比如百度地图或者高德地图（图2.5），输入出发地和目的地，

图2.5 高德地图信息服务

就会自动显示出多种出行方案,并给出时间、距离、交通状况、费用等,这让我们的出行更简单高效。

③ 服务机器人。服务机器人早已经走进了我们的生活,比如能自动在房间内完成地板清理工作的扫地机器人,我们去商场进行购物时遇到的导引服务机器人,能让儿童在玩乐和互动中获取知识的教育机器人,等等。随着人工智能技术的发展,更加智能化、专业化的服务机器人将走进我们生活,这些机器人将深刻改变我们生活、购物、教育和娱乐的方式。见图2.6。

图2.6 优必选紫外线消毒机器人在执行任务中

④ 智能社交。人工智能在社交媒体上也留下了持久的影响。比如,微信中语音转文字功能,能让人方便快捷了解大致意思,对那些不方便听语音的人来说十分有用。微信的"发现"功能中"直播和附近"是社交功能延伸,通过人工智能和GPS能精准匹配,找到你想要进行社交的人。再比如,抖音和快手直播中"美颜"和"滤镜"功能,能让直播效果更好。这都是人工智能在社交中的应用给我们带来的改变。随着元宇宙成为新热点,在虚拟世界进行社交也已经提上日程。

⑤ 智能零售。现阶段的智能零售贯通线上线下，线上线下均可购买和配送，核心是借助云计算和大数据技术，通过互联网平台和社群，与消费者建立更深的消费关系，精准刻画用户画像，建立更多的消费者近端群，实现快速、合理地存货和高效、便捷地出货。目前，电商直播和小区社群是两种比较热门的零售方式。见图2.7。

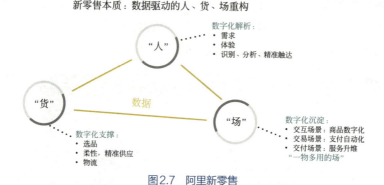

图2.7　阿里新零售

以上只是人工智能改变我们生活的一部分案例。随着人工智能技术不断进步，更多人工智能产品和服务将更深层次融入到我们生活中，成为生活中必不可少的组成部分，这必将改变我们的生活方式，让我们的生活更加智能化，更加丰富多彩。

## 2.3　AI 行业应用下商业模式创新

AI 与行业结合，正在引领商业模式创新，以电商领域为例，传统电商主要是商品主导，用户通过搜索找商品，商家上传的 SKU（库存量单位）越多越能满足用户的需求，用户越会搜索并发现新奇的满足自己需求的商品。传统电商即不直接销售商品，而是把所有商品及商家信息汇聚在平台上，通过搜索框让用户自行寻找并购买需要的商品，并且平台通过将首页和搜索后的好位置卖给商家以获取广告费。

人工智能下新社交电商平台,改变了传统电商物以类聚、搜索式的购物,采取"人以群分"的服务主导逻辑,争夺的是用户的不同消费场景。用匹配场景代替传统的搜索场景,并个性化推荐商品给用户,通过大数据和人工智能深度学习模型了解用户的场景化需求,从而进行商品的个性化匹配和推荐,提升购物体验。即从"人找货"到"货找人"的转变。

这种商业模式的改变正是基于大数据和人工智能深度学习来实现的,换句话说,这种新商业模式是AI应用于电商行业的创新。

那么,AI与农业、工业、交通物流、金融、教育等诸多行业融合是否也会产生诸多商业模式创新呢?答案是肯定的,在后面章节中将一一阐述这种商业模式创新是如何发生的,以及创新价值及案例等。

# 第 3 章

# AI + 农业

## 3.1　AI 加速农业现代化、智能化进程

近年来,我国加快推进人工智能在农业领域的应用。其中,具有自主知识产权的传感器、无人机、农业机器人等逐渐扩大应用,集成应用卫星遥感、航空遥感、地面物联网的农情信息获取技术日臻成熟,基于北斗自动导航的农机作业监测技术也取得了重要突破。这些人工智能技术在农业中已经有了很多场景化应用。

时至今日,人工智能已经在田间地头全面开花,许多农场已经用上了智慧农场管理系统,实现基于物联网的智能监控;采用节水、节药、高效的植保无人机等现代植保机械进行作业,与传统人工防治相比效率提高 60 倍以上;利用智能化采棉机进行秋收,1 小时收获 60 亩❶,比人工采棉的效率提高了上千倍……人工智能应用不再是停留在口头上的故事和设想,而是真实发生的事情。如图 3.1 所示人工智能已经走进了田间地头。

图3.1　人工智能走进田间地头

人工智能在农业生产中的应用,尤其是对规模农业实现了明显的提质增效,这正使规模农业从传统劳动密集型转型为科技智能驱

---

❶ 1 亩约 666.67m²。

动型。2017年,《新一代人工智能发展规划》提出了要推进农业的智能化升级,建立典型农业大数据智能决策分析系统,开展智能农业、智能化植物工厂、农产品加工智能车间等集成应用示范举措。该政策的出台加速了农业现代化、智能化进程,也促进了农业生产方式和商业模式转变进程。

## 3.2　AI在农业生产全过程中广泛应用

人工智能技术已经贯穿于农业生产全过程,从土壤分析、种子优选、种植管理、专家系统、检验检疫、农产品追溯、物流分拣到最终销售阶段。

① 土壤分析。土壤分析是农业产前阶段最重要的工作之一,是实现定量施肥、宜栽作物选择的重要前提。Intelinair公司开发了一款无人机,通过类似核磁共振成像技术拍下土壤照片,通过电脑智能分析,确定土壤肥力,判断适宜栽种的农作物。如图3.2所示。

② 病虫害识别。通过深度学习算法,宾夕法尼亚州立大学David

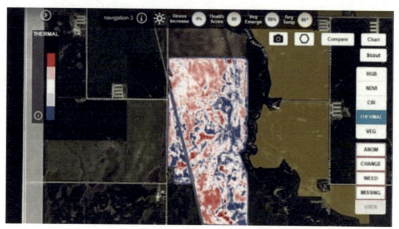

图3.2　Intelinair公司对土壤肥力进行分析

Hughes 和作物流行病学家 Marcel Salathé 将关于植物叶子的 5 万多张照片导入计算机，并运行相应的深度学习算法，应用于他们开发的手机应用 Plant Village Nuru。在明亮的光线条件及合乎标准的背景下拍摄出植物照片，应用 Plant Village Nuru 就会将照片与数据库的照片进行智能化对比，可以检测出 14 种作物的 26 种疾病，而且识别作物疾病的准确率高达 99.35%。这款病虫害识别 APP 是视觉识别＋深度学习＋生物学的跨学科应用。如图 3.3 所示。

图3.3　Plant Village Nuru 识别病虫害

③ 智能灌溉。农业物联网技术的发展与应用，推动了水肥一体化的进步。基于农业物联网技术的农田水肥一体化智能灌溉系统可以根据不同作物的需水、需肥规律，以及土壤环境和养分含量状况，自动对水、肥进行检测、调配和供给，在提高灌溉用水效率的同时，又实现了对灌溉、施肥的定时、定量控制，不仅仅能够节水、节肥、节电，还能减少劳动力的投入，降低人工成本。

基于物联网的水肥一体化智能灌溉系统，如图3.4所示。系统集硬件和软件于一体，以水肥一体机为核心，采用有线和无线技术相结合，将田间气象、土壤、作物生长等信息进行采集、传输、筛选、分析，确定适宜的灌溉施肥时间点，精准调控灌溉施肥量及周期，并通过远程控制田间水泵和阀门，实现精准灌溉施肥。通过中控室和智能手机端，可以实时监测整个园区的运行状况，对作物生长、管网运行、农作物管理等进行统一监控，提高管理效率和管理水平。

图3.4 水肥一体化系统

④ 育种选种。育种选种是农业产业链的起点，如何培育出商业价值高、高产抗病害的种子是聚焦点。而育种过程却需要大量的资金与技术投入，以及海量数据的支持，门槛很高。人工智能将明显减少现阶段育种前期研究的时间成本，人工智能技术可以在较短的时间内对结果进行因果推定和有效预测。利用已搭建的大数据平台和超级计算机的计算能力，在育种的初级阶段就能够利用人工智能有效地辅助引导基因编辑；而通过计算机视觉的数据收集以及人工智能模型的搭建，可以形成虚拟耕种系统，对作物的种植和未来的

生长状况进行推断,从而缩短作物的试验培育时间。

2018年初,美国康奈尔大学玉米遗传育种学家、美国科学院院士Edwards Buckler教授提出了"育种4.0"的理念。育种4.0体系(如图3.5所示)涵盖基因编辑技术、生物信息学、合成生物学、人工智能模拟、机器学习建模、组学大数据等跨学科技术。

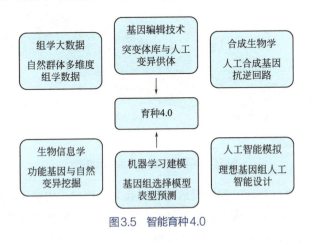

图3.5 智能育种4.0

⑤智慧种植管理。智慧种植管理主要有自动控制功能、自动报警功能、实时图像与视频监控功能。首先可以依靠传感器和网络获取的植物生长环境信息,监控环境的动态变化,监测土壤水分、土壤温度、空气温度、空气湿度、光照强度、植物养分含量等参数。根据以上各类参数进行自动灌溉、自动降温、自动喷药等。其次,当某一参数超出设定范围时,系统会进行自动报警,提醒我们及时进行处理。最后,可以通过视频监测农作物生产的实时状态,观察一些作物的生长形势及营养水平,也可以观察是否有病虫害等。智慧种植管理系统能够提高生产效率,提高应变能力,降低成本等。

我们在实际应用过程中,可以根据需要来选择相应模块,进行智慧化控制,图3.6就是某智慧大棚控制系统示意图。

⑥智慧农业大数据管理平台。借助区块链、大数据技术,将农

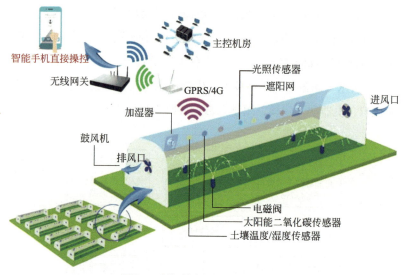

图3.6　某智慧大棚控制系统示意图

业生产的每一个环节都能有效地串联起来。比如，中联重科依托感知农业数据，农业数据传输、储存、分析，农机智能操作的全流程闭环系统，支持农业在最佳时间做出最佳决策，实现传统农业向智慧农业、优质农业的转型升级。中联重科智能农机已实现超5000台设备上云，通过中联大脑可以与智慧农业云平台融为一体，实现模型分析、管理调度、落地执行的稳健闭环。以芜湖农机大脑项目为例，在水稻种植全流程中，使用卫星平地系统进行土地精细平整作业，平整度误差上下不超过3cm。同时可实现按需进行施肥、喷药作业，降低成本，提高效率，并可实现农机定位、作业监管、远程调度、状态上报、需求通知、信息服务、快速预约七个方面的自主管理。

⑦ 视觉识别用于农产品分拣。视觉识别技术应用于农产品分拣，可以自动识别、检查农产品的外观和质量并对其进行分类。其检查和识别率远高于人类视觉，而且具有速度快、信息量大和功能多样的特点。目前，已经有视觉识别应用于农产品分拣的案例。例

如，北京工业大学学生在平谷与桃农合作，利用智能大桃分拣机，根据桃的大小、颜色、品相来自动分拣。他们建立了大桃识别系统。机器在学习了 6400 张大桃照片后，已经能像经验丰富的桃农一样准确分桃，据悉准确率达到 90%。这个系统主要由三部分组成：一条履带、一个识别农产品的盒子和三根分拣农产品的推杆。种植户只需要把要分拣的果实放到履带上，果实就会顺着履带进入识别农产品的箱子，这个箱子会辨识出这颗水果或者蔬菜属于哪一品类，然后会把相关信息传递给分拣农产品的推杆，等果蔬出了分拣盒，推杆就会自动把它推进应该归类的篮子里。具体过程如图 3.7 所示。

图3.7 北京工业大学学生与平谷桃农合作的智能大桃分拣机

⑧ 人工智能农产品分拣加工系统。上面提到了视觉识别系统应用于农产品分拣的案例，实际上还有更为复杂的人工智能农产品分拣应用，比如将农产品按照深加工原料要求进行更为细致的分拣，这需要更加复杂的人工智能系统和技术。例如，异性纤维超标一直是制约我国棉花品质提升的瓶颈，棉花加工企业不得不花费大量人力、物力进行人工挑拣，而且自动化程度和检出率低。聊城大

学联合南京林业大学、山东福昊光电科技有限公司研发了籽棉异纤智能精选生产线。该系统融合了机械、电子、光学、色谱、气动等多种技术，实现了对籽棉杂质的分类梳理、多级精选，满足了高端纺织企业的要求。其异纤检出率超过国内外皮棉异纤检出机，成功突破了棉花加工产业发展的瓶颈，填补了棉花加工工艺流程中在籽棉阶段进行异性纤维智能精选的技术和装备空白。其具体设备如图3.8所示。

图3.8 人工智能棉花分拣机

⑨ 人工智能冷链物流。农产品的特性如保鲜期短、易腐烂等，使其对运输效率和保鲜条件要求很高。目前水果蔬菜等农产品在采摘、运输、存储等物流环节上的损失率在25%以上，即有四分之一的农产品在运输过程中就损失掉了。如何通过人工智能+冷链物流技术降低损耗率成为重要课题。目前，已经有这方面的应用案例。例如，希迪智驾推出"智鲜仓"，与传统冷藏货柜运输车相比，"智鲜仓"（如图3.9所示）通过温度均匀控制、气体调节、负压控制等综合保鲜技术确保保鲜效果，同时运用多能源管理技术及变频驱动技术确保系统稳定运行，降低能耗。"智鲜仓"运输过程全程可视，

冷链管理云平台、车载显示单元、手机客户端三大平台实时监控，可以在第一时间掌握生鲜果蔬的运输及保鲜状态，并可远程下发控制参数，自动调节冷藏箱执行装置，轻松应对任何状况。

图3.9 希迪智驾推出"智鲜仓"

## 3.3 AI+农业典型商业模式创新案例分析

拜耳集团旗下 The Climate Corporation 商业模式分析：

The Climate Corporation 早期的主营业务是给农民提供天气保险，比如玉米保险、大豆保险。玉米和大豆这类作物容易被天气影响产量。该公司开发了一种算法，可以根据历史气象数据、地质数据，结合天气预报进行综合分析，预测天气对农作物产量的影响，最终生成保单，确定保费和赔率。

2013年10月，该公司被全球最大的种子与农药公司孟山都公司

（Monsanto Company）收购。收购后，孟山都将自己旗下的两个农业种植技术产品（播种及施肥指导"Field Scripts"，精密种植"Precision Planting"）都整合进了 The Climate Corporation 的产品中。之后，The Climate Corporation 又收购了土壤传感器公司 640 Labs、农业技术共享平台 Yield Pop 和提供土壤分析 SaaS 服务的 Solum。至此，The Climate Corporation 的主要业务转变为农业大数据平台，而不仅仅局限于天气保险领域。其依靠收集农业生产所需的各项数据（天气信息、土壤条件、农作物生长状况等），帮助农民制订科学的种植方案（提供播种时期选择、施肥规划、产量预测、病虫害管理等）。

2018 年 6 月 7 日，拜耳成功完成对孟山都的收购。The Climate Corporation 成为拜耳旗下公司。2018 年，FieldView 数字农业平台的全球付费使用面积达 6000 多万英亩❶。

图3.10　FieldView数字农业平台

FieldView 数字农业平台（图 3.10）将现场数据收集、本地天气监测、农业经济建模、高分辨率天气模拟结合在一起，提供移动设备和网络软件的解决方案，使得农民更加深入地理解他们的农田，从而能够做出信息更充足的经营决策和融资决策，帮助农民优化产量，最大限度地提高效率以及降低风险。比如，通过传感器可以更加详细地监测土壤中的氮元素，帮助农民掌握施肥的最佳时机，既节省了肥料资源，也避免了过量化肥的污染。

❶ 1 英亩约 0.00405km$^2$。

The Climate Corporation（图 3.11）将 AI 在农业天气领域的应用优势，放大到种植、肥力、病虫害等领域，从单一农业天气服务商发展成为数字农业领域的领导者之一。其商业模式核心就是利用 AI 专家系统在熟悉的行业实现快速业务拓展。

图3.11　The Climate Corporation的商业模式变革

# 第 4 章

# AI + 工 业

## 4.1 工业互联网促成产业智能升级转型

工业互联网兼容吸收了互联网技术、服务、思维和工业技术工艺,是制造业和互联网融合发展的产物,是新工业革命时代不可或缺的工业基础设施,是推动工业转型升级、推进高质量发展、构建现代经济体至关重要的抓手。工业互联网正在开启智能工业发展新时代,将彻底重塑整个生产制造体系,塑造工业新型生产力,重构新型生产关系,为产业转型升级、发展数字经济、构建现代经济体系提供强大的支撑动力。

随着我国发展战略从制造大国逐步向制造强国转变,新型基础设施建设正呼啸而来,而工业互联网则当仁不让地成为产业"智能"升级的关键。

随着人工智能的进一步发展,AI技术可以让目前广泛应用的工业机器人进一步扩展应用场景和提升应用能力,譬如有效应用于缺陷检测、分拣、尺寸检测、视觉引导等具体方面。同时,AI在工业中的全方位应用还为制造业打开了新的发展空间,通过工业互联网可以构建车间、仓储、市场三者之间信息流动的快速渠道,极大地增强了信息传递的速度和精度,有力促进了制造业发展。

通过工业互联网技术构建的平台则能够成为工业企业研发设计、生产制造、仓储物流、经营销售等各环节数据流通的血管,让企业通过高效的信息采集和分析,提升企业的运营效率与运营水平,推动企业运营的智能化与高效化。

## 4.2　AI 让工业机器人更加智能

传统的工业机器人仅是以机器人代替部分烦琐的人工劳动,成为人类体力的延伸,但机器人的智能程度还不够,无法完成一些比较精细的工作。AI 技术的发展,使得工业机器人能以与人类智能相似的方式做出反应,赋予了工业机器人新的活力,让工业机器人代替人类部分的脑力劳动,提高生产效率,降低工厂生产成本。文章《人工智能 AI 在工业领域有哪些应用?》写道,目前智能化的工业机器人主要应用于如下工业领域。

① 缺陷检测。由于普通肉眼无法看清快速移动的目标,对微小目标的分辨能力弱,而且普通工人疲劳后漏检率会提高,这些都使得人工检测费时费力,而且成本高、准确率低。而拥有人工智能模块的缺陷检测机器人则完全没有这方面的问题,加上配置的高速工业相机,能够在动态检测的情况下极大地降低误报率,同时还可根据产品检测需求调整检测精度,提高检测效率。还可根据实际需要,配合自动化工业生产线,实现自动检测、自动处理,降低次品率,降低产品成本,使得效率提升,成本下降。

② 识别分拣。对于工厂流水线来说,分拣速度慢会造成产品在产线上积压,降低生产效率。现阶段,人工分拣速度慢,尤其是体积小、颜色形状多的产品使用人工分拣更是存在难度大、准确率不高等问题,而智能化的分拣机器人则可以大大提高分拣速度。

③ 尺寸检测。尺寸检测人工智能机器人由于高精度工具的配套,使得其不仅具有尺寸的敏感度,而且还避免了人容易疲劳的缺点,可以 24 小时不间断检测,检测速度快,测量误差小。

④ 视觉引导。利用 AI 技术研发的视觉引导系统就是一个类人化的大脑,它通过自主软件控制系统来下达指令,同时使用工业相

机进行目标产品信息捕捉，再通过多轴机械臂进行具体操作，整个过程流畅自然，大大提升了工作效率。

未来，随着 AI 技术的进一步发展，工业机器人也将会进一步智能化，其应用场景、应用能力等将会得到进一步加强，从而推动人工智能在工业中得到更广泛的应用。

## 4.3 工业互联网平台国内外创新案例分析

工业互联网平台是工业互联网体系的核心，技术与准入门槛非常高，是制造智能化的核心，各个国家均争相在该领域进行探索，下面将以笔者参考《2021 工业互联网白皮书》及网络资料收集整理的 5 个国内外工业互联网优质平台作为典型案例进行分析，以期能为中国制造业企业提升智能制造水平提供借鉴，推动中国工业互联网进程。

### 4.3.1 案例 1——海尔 COSMO 平台

#### （1）海尔 COSMO 平台

2012 年，海尔集团（以下简称"海尔"）开始施行网络化战略，利用互联网经济特征，通过在生产制造方面向数字化、网络化、智能化转型，力图实现企业整体的转型升级。其中，最主要的举措就是建设海尔智能制造平台（Cloud of Smart Manufacture Operation Plat，以下简称为海尔 COSMO 平台），平台示意参见图 4.1。海尔 COSMO 平台作为海尔自主研发、自主创新、引领全球的工业互联网平台，未来发展愿景为建立以用户为中心的社群经济下的工业新生态。

① 海尔 COSMO 平台的业务架构。海尔 COSMO 平台的目标为

打造开放的工业级平台操作系统,在此基础上聚合各类资源,为工业企业提供丰富的智能制造应用服务。目前,COSMO平台的业务架构主要为四层,自上往下依次为模式层、应用层、平台层和资源层,具体如图4.2所示。

图4.1 海尔智能制造平台示意

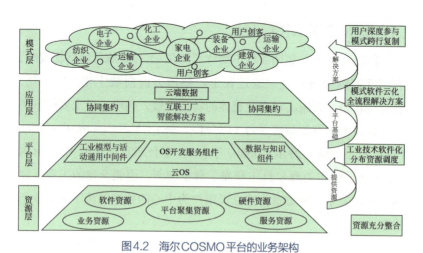

图4.2 海尔COSMO平台的业务架构

最顶层的模式层的核心是互联工厂模式。在此基础上，海尔借助自身在家电行业积累的几十年的制造模式和以用户为中心、用户深度参与的定制模式，以及在工业互联网运行的经验模式，引领并带动利益相关者及与自身相关的其他行业发展。例如，依托海尔自身的家电制造模式，在制造电子行业、装备行业进行跨行复制。模式层上，海尔对传统制造的组织流程和管理模式都进行了颠覆，是COSMO平台最核心的颠覆。

在应用层上，海尔在互联工厂提供的智能制造方案基础上，将制造模式上传到云端，并在应用层平台上开发互联工厂的小型SaaS应用，从而利用云端数据和智能制造方案为不同的企业提供具体的、基于互联工厂的全流程解决方案。应用层目前已有基于IM、WMS等的四大类200多项服务应用进驻。

平台层是COSMO平台的技术核心所在。在平台层上，海尔集成了物联网、互联网、大数据等技术，通过云OS的开发建成了一个开放的云平台，并采用分布式模块化微服务的架构，通过工业技术软件化和分布资源调度，可以向第三方企业提供云服务部署和开发。此外，在平台层上的数据与知识组件和工业模型活动的通用中间组件，既可以为公有云提供服务，也可以为所有第三方企业的私有云提供服务。

COSMO平台的基础层是资源层。在这一层集成和充分整合了平台建设所需的软件资源、业务资源、服务资源和硬件资源，通过打造物联平台生态，为以上各层提供资源服务。

② 海尔COSMO平台的运行机制。海尔COSMO平台目前的运行机制为在智能服务平台上建设智能生产系统，并构建智能产品、智能设备与用户的互联互通（参见图4.3）。

目前，COSMO平台已打通交互定制、开放研发、数字营销、模块采购、智能生产、智慧物流、智慧服务等业务环节，通过智能化系统使用户持续、深度参与到产品设计研发、生产制造、物流配送、

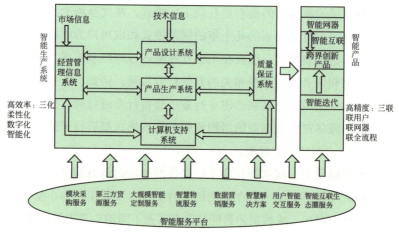

图4.3 海尔COSMO平台的运行机制

迭代升级等环节,满足用户的个性化定制需求。

### (2) COSMO平台的实际应用

通过COSMO平台,洗衣机用户可结合自身经历,指出当前洗衣机产品中存在的内桶清洗周期短、清洗难度大等使用问题,期望能够获得一款具备更优用户体验的新式产品;这些洗衣机用户的个性需求很快就能通过COSMO平台进行交互,通过COSMO平台,有990万用户、57个设计资源参与新式产品创意设计;创意立项之后,借助开放平台引入26个外部专业团队,共同研发攻克技术难题;产品样机通过认证之后,利用26个网络营销资源和558个商圈进行预约销售;用户下单后,开启模块采购和智能制造,在125个模块商资源和16个制造商资源的参与下,产品按需定制、柔性生产;产品下线后,通过涵盖9万辆"车小微"和18万"服务兵"的智慧物流网络,及时送达用户家里,并同步安装好。用户在使用产品的过程中,又可通过社群在免清洗的基础上持续交互,催生净水洗、无水洗(筒间)系列产品。这样能够保证海尔洗衣机有效按照用户需求进行设计,实现了高效率的按需生产。

## 4.3.2 案例2——华为Fusion平台

### (1) 华为Fusion平台

华为技术有限公司（以下简称"华为"）工业互联网平台FusionPlant，包含连接管理平台、工业智能体、工业应用平台三大部分（参见图4.4）。定位于做企业增量的智能决策系统，实现业务在云上的敏捷开发，边缘可信运行。赋能行业合作伙伴深耕工业核心业务流，持续释放潜在的业务价值。

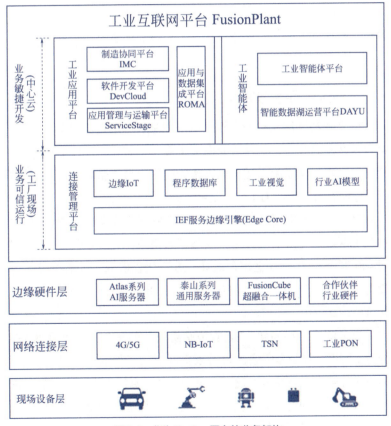

图4.4 华为Fusion平台的业务架构

云网协同：依托华为领先的连接方案，如 5G、NB-IoT、TSN、工业 PON，满足企业在工厂内、外网络各类场景的连接需求。

边云协同：提供纳管海量分布式边缘节点，并能够将云上的丰富的服务、生态伙伴和客户的应用部署到边缘节点运行。

工业数据湖：提供数据全生命周期一站式开发运营平台，提供数据集成、开发、治理、服务等功能，帮助企业快速构建全局数据运营能力。

全栈 AI：提供从芯片、硬件、算子库、AI 框架、通用 AI 开发平台到工业智能体的全栈方案，实现协同优化和多点创新。

安全可信：华为工业互联网整体方案在设备认证、隐私数据加密保护、业务运行的可靠性和可用性、安全启动等多个方面提供全方位的保障。

## （2）Fusion 平台实际应用

2019 年初，国家电网发布了两网战略——坚强智能电网 + 泛在电力物联网。其中，坚强智能电网是第一张名片，目标是打造全球领先的物理基础设施；泛在电力物联网作为第二张名片，则是坚强智能电网在数字世界的孪生，是网上国网的体现。

此前，国家电网已经在输电、变电领域完成多项成功投资，而在配电网数字化发展过程中，面临三大挑战：设备规模大，覆盖全国 440 万个台区，4.3 亿用户表计；数字化程度低，运维手段落后，设备故障停电定位困难，停送电数据发布不及时；三新（新能源、新负荷、新用电）需求多。

为了解决上述问题，"云管边端协同"的华为工业互联网平台 Fusion，以华为云为底座，为国家电网引入了物联网、AI、云计算和边缘计算等创新技术，通过五个一——一套信息模型、一个大脑、一组 APP、一种终端和一张网络，将配电网基础设施化繁为简，使能行业开发者灵活开发与扩展 APP 和智能终端的功能，助力"泛在电力物联网"战略的实施,实现了配电网的数字化、网络化和智能化的部署和运营。

在应用华为 Fusion 平台后,国家电网试点区域电网的人均可维护设备数量提升 90%,故障后抢修率下降 50%,新能源新负荷的吸纳和管理提升 100%,平均停电时间下降 20%。为了向国际和国内的全行业推广优秀的创新实践,推动产业共识,国家电网还联合华为积极参与和主导了多项国际与国内的行业标准,例如编制"配电物联网顶层设计",编制"智能配变终端技术规范",共同申报"IEEE和 IEC 国际标准"等。这些都体现了华为 Fusion 平台的强大功能。

### 4.3.3　案例3——富士康 BEACON 平台

#### (1) 富士康 BEACON 平台

富士康科技集团(以下简称"富士康")于 2017 年开发了工业互联网平台 BEACON。在先进制造+互联网的浪潮下,富士康通过整合生产制造、连网技术、数据分析、云端存储及工业互联网解决方案等,建成了该工业互联网平台(参见图 4.5)。通过该平台富士

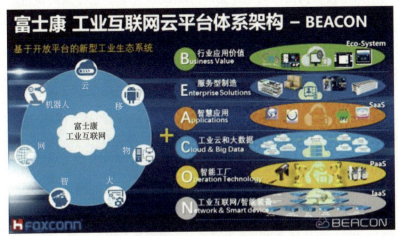

图4.5　富士康BEACON平台业务架构

康探索将数字技术与其 3C 设备、零件、通路等领域的专业优势结合，向行业领先的工业互联网公司转型。

BEACON 以 IoT 平台数据采集为基础，以智能数据平台、智能制造平台、影像大数据平台为核心，辅以数据模型化、模型服务化，快速打造客户关系管理、生产制造管理、供应商供给侧管理、质量管理、产品技术管理、资金流与通路管理、安全管理、环保管理等专业服务应用，建立跨边缘层、IaaS 层、PaaS 层和 SaaS 层的应用体系，连通设备层、车间层、企业层，智能辅助生产、管理与决策。

富士康借助 BEACON 平台能够实现生产过程全记录、无线智慧定位、SMT 数据整体呈现（产能/良率/物料损耗等）、数据集中管理、数据共享、基于大数据的智能能源管控和自适应测试平台。

## （2）BEACON 平台实际应用

富士康在产品制造过程中以往面临诸多难题，如在特定机种制作过程中难以分析电能使用效率、无法确定接料和换料时机、设备周期缺乏预警机制等问题。凭借 BEACON 平台，富士康的制造过程实现了设备能耗的实时监控，优化了生产过程中的 2C 排程。平台 SMT 自动送料系统也能通过智能 AOI 参数修正反馈，从而实现设备的智能保养与防错、SMT 良率预测等智能化功能。富士康使用 BEACON 平台后，能够实现制造环节节省电力 10%，明显减少设备维护及上料时间，弱化自动在线测试环节，提高产品一次性良率，带来了生产效率的上升和生产成本的下降。

基于富士康 BEACON 平台的 5G+ 刀具智能生产应用也已成功实施，通过智能系统的分析，优化产品设计方案，从而缩短开发周期 30% 以上；对可能出现的不良情况进行预警，从而实现设备稼动率提升 10%，产品良率提升至 99.5%，资源综合利用率提升 30%；降低生产现场对人的依赖，实现自动调机、自动化生产、无人化工厂，减少现场操作人员50%。这为刀具厂家带来了人员及生产成本的节省，从而带动效益提升。

### 4.3.4　案例4——施耐德EcoStruxure平台

#### （1）施耐德EcoStruxure平台

施耐德电气有限公司（以下简称"施耐德"）于2016年发布了EcoStruxure平台，主要通过该平台将数字技术与其在电力设备等领域的专业优势结合，实现施耐德制造设备的互联，来为各项生产经营活动提供决策支撑。

施耐德EcoStruxure平台包括三个层级（参见图4.6）：第一层是互联互通的产品，产品涵盖断路器、驱动器、不间断电源、继电器和仪表及传感器等；第二层是边缘控制，边缘控制层可以进行监测及任务操作，简化管理的复杂性；第三层是应用、分析和服务，应用可以实现设备、系统和控制器之间的协作，分析则通过运营人员的经验形成模型，用模型促进改善策略的形成，提升决策的效率与精准度，服务提供可视化的人机接口，实现业务控制和管理。EcoStruxure平台已联合超9000个系统集成商，部署超45000个系统。平台主要为楼宇、信息技术、工厂、配电、电网和机器六大方向提供生产运营支撑。

图4.6　EcoStruxure平台架构图

## (2) EcoStruxure 平台实际应用

在应用 EcoStruxure 平台之前，福特汽车公司的月末报告和实时数据之间存在六周左右的延迟，导致福特公司经常无法把握节能和节省采购费用的最佳机会，同时福特公司缺乏对北美地区所有制造厂的资源整合能力，无法实现生产制造设施的实时通信和管理，无法获取电力和天然气消耗的实时数据。这对福特公司的生产经营造成了困扰，也带来了成本的上升。

施耐德的电力管理运营部门依托 EcoStruxure 平台为福特打造了企业能源管理（EEM）软件系统。系统为福特公司收集其在美国境内的 43 座设施的电力数据并进行本地化处理，然后将数据发送到云端能源管理系统，通过这种方式，系统可实现现场和远程监控，从而产生优化的节能增效。凭借施耐德 EcoStruxure 平台的应用，福特公司的节能增效提高了 30%，从而为福特公司节省了 2% 的能源开支。

### 4.3.5 案例 5——GE Predix 平台

## (1) GE Predix 平台

GE 公司（美国通用电气公司）推出的 Predix 是全球第一个专为工业数据与分析而开发的操作系统，实现了人、机、数据之间的互联。GE 公司通过该平台探索将数字技术与其在航空、能源、医疗和交通等领域的专业优势结合，向全球领先的工业互联网公司转型。Predix 平台的主要功能是将各类数据按照统一的标准进行规范化梳理，并提供随时调取和分析的能力。

Predix 提供一个统一的平台（软件套件、方法、安全能力），帮助工业客户开发、部署和运维工业应用到边缘侧和云端。帮助客户可靠、安全地连接设备，获取数据用于分析及提高生产效率，从而帮助客户提升经济效益。

具体来说，Predix 平台架构分为三层（参见图 4.7）：连接层、云服务层和应用层。其中，连接层主要负责收集数据并将数据传输到云端；云服务层主要提供基于全球范围的安全的云基础架构，满足日常的工业工作负载和监督的需求；应用层主要负责提供工业微服务和各种服务交互的框架，主要提供创建、测试、运行工业互联网程序的环境和微服务市场。

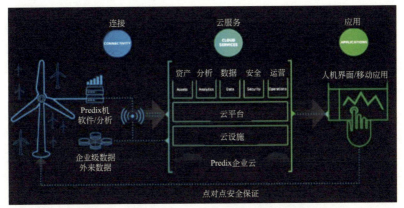

图4.7　Predix平台架构图

GE 目前已基于 Predix 平台开发部署了计划和物流、互联产品、智能环境、现场人力管理、工业分析、资产绩效管理、运营优化等多类工业 APP。

## （2）Predix 平台实际应用

在应用 Predix 平台前，布鲁斯电力公司通过 8 个（每个能够生产多达 800 兆瓦的电力）核反应堆为加拿大安大略省提供约 30%的基础电力，但面临发电效率低下、核电设备维护难度大等问题，公司对设备的定期维护也缺乏统一管理，容易造成延误。

通过应用 Predix 平台及配套的相应功能，GE 公司为布鲁斯电力公司提供了核电设备实时监控和故障反馈服务，设备运行数据实现可视化管理，满足高等级的核电安全标准。Predix 平台参考设备生命周期模型来分析设备参数后确定设备的最佳安全维护周期，并对危险系数较高的设备提供实时预警服务。凭借 Predix 平台带来的辅助功效，布鲁斯电力公司的单个核电设备连续运行 500 天即可为当地提供全年 15% 的电力，效率大幅上升，平均发电价格降低了 30%，设备稳定性明显上升，为布鲁斯电力公司带来了明显的经济效益。

# 第 5 章

# AI + 交通物流

## 5.1 智慧交通让出行更方便

您乘坐公共交通工具出行的时候是否有过这样的困扰：因无法及时了解公交（地铁）到站信息，当您快要到达公交（地铁）站时，发现公交（地铁）刚刚开走；下了公交（地铁），由于不知该往哪个方向前往目的地，经常走错路……

随着交通智能化水平的不断提高，以上尴尬将会逐步消除，时至今日，很多出行 APP 上就有您需要乘坐的公交（地铁）的具体到站时间，而各种智能化的 APP 将会为您提供傻瓜式的指引，让迷路不再成为人们的困扰。

人工智能在交通出行中的广泛应用，为城市在高效交通出行方面提供了新的解决思路，越来越多的城市开始构建智慧交通系统，以期能够提供更为智能、便捷的出行方案。

智慧交通系统（简称 ITS）是未来交通系统的发展方向，它是将先进的信息技术、数据通信传输技术、电子传感技术、控制技术及计算机技术等有效地集成运用于整个地面交通管理系统而建立的一种在大范围内、全方位发挥作用的，实时、准确、高效的综合交通运输管理系统。该系统以信息的收集、处理、发布、交换、分析、利用为主线，为交通参与者提供多样化服务（参见图 5.1）。借助该系统，车辆依靠智能在道路上自由行驶，公路依靠智能将交通流量调整至最佳状态，管理人员对道路、车辆的行踪将掌握得一清二楚。

智慧交通系统可有效缓解交通拥堵，改善城市交通状况，最大程度地发挥城市交通效能，建立人、车、路、环境协调运行的新一代综合交通运行协调体系，提高城市交通系统的整体运行效率。

2017 年《智慧交通让出行更便捷行动方案（2017—2020 年）》的出台，更是提出了通过推动以企业为主体的智慧交通出行信息服务

图5.1 智慧交通系统构成

体系的建设,促进"互联网+"便捷交通发展。该政策的出台加速了交通的智能化进程,也促进了智能交通商业模式的进化。

## 5.2 AI 在交通行业中的重要应用场景

随着 AI 技术的不断成熟,其在交通行业中的应用越来越广泛,下面我们主要盘点以下 5 种重要的应用场景。

### 5.2.1 自动驾驶

虽然随着自动驾驶技术的不断提高,其应用场景越来越广泛,但出于安全考虑,自动驾驶目前仍主要应用在一些范围限定、中低速、环境复杂度低的场景中,比如自动驾驶地铁、公交、出租车及物流配送等领域。

① 自动驾驶地铁。完全无司乘人员参与,车辆在控制中心的统一控制下实现全自动运营,自动实现列车休眠、唤醒、准备、自检、自动运行、停车和开关车门,以及在故障情况下实现自动恢复等功

能。2021年1月23日，上海地铁15号线正式运营，它是国内全自动运行等级最高和国内一次性开通里程最长的全地下轨道交通线路，上海地铁15号线所使用的自动驾驶地铁参见图5.2。

图5.2　自动驾驶地铁

② 自动驾驶公交。无论在国内还是国外，无人驾驶公交基本都是在1～3公里的简单环线环境中运行。现在整体来看，整个无人公交的技术和产业链的成熟程度还有所欠缺，一般都采用L4级无人驾驶系统操控，离完全无人驾驶的L5级别尚有一段距离。图5.3为广州南沙投入使用的自动驾驶公交车。

图5.3　自动驾驶公交

③ 自动驾驶出租车。借助自动驾驶技术，依托领先的交通场景物体识别技术和环境感知技术，实现高精度车辆探测识别、跟踪、距离和速度估计、路面分割、车道线检测，为自动驾驶的智能决策提供依据。百度先后在长沙、北京等地推出自动驾驶出租车出行服务。图 5.4 为使用中的百度无人驾驶出租车。

图5.4　百度无人驾驶出租车

④ 物流配送。借助自动驾驶技术，装卸、运输、收货、仓储、运送等物流作业流程将逐渐实现无人化和机器化，促使物流配送领域的整个产业链降本增效，革新升级。自动驾驶行业起步以来，无人物流一直是各大企业的必争之地，尤其是电商快递企业。目前，京东、菜鸟在这方面有突出的成效。图 5.5 为京东使用自动驾驶技术的物流配送工具。

图5.5　京东物流全家桶

## 5.2.2 智慧停车

智慧停车，是指将无线通信技术、移动终端技术、GPS 定位技术、GIS 技术等综合应用于城市停车位的采集、管理、查询、预订与导航服务，实现停车位资源的实时更新、查询、预订与导航服务一体化，实现停车位资源利用率的最大化、停车场利润的最大化和车主停车服务的最优化。智慧停车主要包括车位引导、停车场管理、反向寻车等主要功能。

智慧停车的应用场景可大可小，大到可以用于整个城市，小到单个车位。

城市级智慧停车是将整个城市的停车数据通过物联网方式上传到政府城市平台，政府城市平台与各个企业的平台进行无缝对接，获得各个停车场的实时数据，形成全城停车场"一张网"格局，便于普通民众查询空余停车位，缓解城市停车难问题。图 5.6（见 057 页）为杭州智慧停车系统架构。

智慧停车还广泛应用于停车场、高速公路等。其主要采用车牌识别技术和不停车电子收费（ETC）技术。利用高清摄像头拍摄车牌或 ETC 以准确识别车辆身份，记录车辆进出场时间以准确收费，使车辆快速通过。图 5.7（见 058 页）为采用智慧停车技术的停车场示意图。

智慧停车还能用于管理个人停车位，可以用来进行停车引导，自动启用、关闭车位等。

## 5.2.3 交通大脑

通过交通大脑的构建，城市管理者可以对道路交通状况进行实时了解分析，并根据交通拥堵情况调节信号灯时长。通过车辆监控还可实时发现交通事故并快速处理。西安在全国首先应用城市大脑来改善交通状况，其顶层设计构成如图 5.8 所示（见 058 页）。

基于顶层设计，2018 年，通过与高科技公司紧密合作，全国首个 AI 全面接管交通管理的城市大脑在西安上线，如图 5.9 所示（见 058 页）。

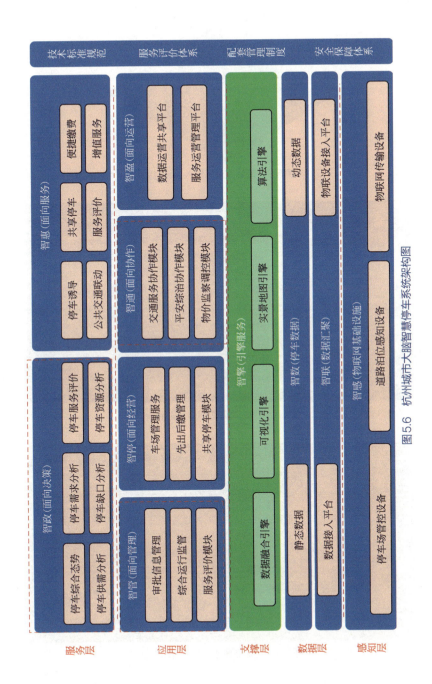

图5.6 杭州城市大脑智慧停车系统架构图

图5.7 智慧停车场出入口示意图

图5.8 西安交警城市顶层设计构成

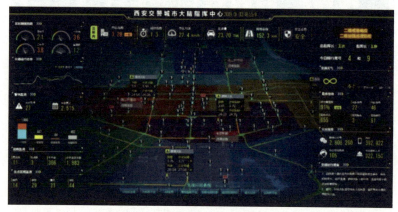

图5.9 西安交警城市大脑指挥中心

自投入应用以来,西安城市交通大脑通过构建多维度、多层次的智慧交通实战应用场景,将新技术、新设备与城市交通治理需求有机衔接,实现了关键指标的"四升三降":路面见警率提升12.1%、接处警处理速度提升9.4%、违法查处量提升4.8%、便民服务处理量提升36.8%,拥堵警情数下降17%、群众投诉减少28.3%、拥堵指数排名持续下降20个名次左右。

### 5.2.4 出行安检

在AI技术的应用下,机场、高铁站可以对乘客进行快速人脸识别并匹配乘客信息,在双方匹配一致的情况下帮助乘客快速通过安检,安检时长从原来人检的20秒以上下降到2秒以内。下面以南航为例图示安检流程。

① 上传照片到南航APP。通过南航APP办理选座、值机时,系统会自动让用户上传头像到南航数据库,参见图5.10。

图5.10 南航APP照片上传界面

② 通过人脸识别技术进行比对。乘客抵达机场进行安检时，可通过人脸识别技术（参见图5.11），将扫描到的人脸信息与APP内信息、机票信息进行比对（参见图5.12）。

图5.11　自助安检人脸识别仪器

图5.12　自动匹配过程

若信息比对通过，则顺利通过安检，否则会触发报警程序。青岛机场曾通过该技术拦截住数名冒用他人身份证件试图登机的乘客。

## 5.2.5　道路地质灾害监测与预警

通过北斗、高清摄像头及与人工智能相关的物联网、移动互联网、大数据、云计算等技术，可以对高速公路、乡村公路、隧道、桥梁等进行道路地质灾害的监测与预警，从而减少各类道路地质灾害给道路交通带来的风险，提升道路交通安全性。

长安大学的道路灾害预警系统已经在陕西、甘肃的多个地方的乡村公路落地,并有效预防了多起重大的道路灾害情况。

AI 在交通行业除了这 5 项主要应用场景外,还可以应用于驾照考试、打击走私、违章抓拍等场景,可以说 AI 技术全面推进了交通的便捷化、智能化。

## 5.3 AI 让物流更高效和低成本

人工智能在交通行业中的应用让人们的出行更加便捷,其在物流行业中的应用也让物流行业更加高效与低成本,而物流行业的高效低价则是我国电子商务交易额世界领先的最重要支撑。下面我们就来了解一下 AI 在物流行业中的一些应用场景。

① 自动化立体仓库。这是物流仓储中出现的新概念,利用立体仓库设备可实现仓库高层合理化、存取自动化、操作简便化;自动化立体仓库是当前技术水平较高的形式。自动化立体仓库的主体由货架、巷道式堆垛起重机、入(出)库工作台和自动运进(出)及操作控制系统组成。货架是钢结构或钢筋混凝土结构的建筑物或结构体,货架内是标准尺寸的货位空间,巷道式堆垛起重机穿行于货架之间的巷道中,完成存、取货的工作。管理上采用计算机及条形码技术。京东"亚洲一号"自动化物流仓库(参见图 5.13)是其中比较典型的代表。

② 智能机器人。智能机器人在物流仓储作业中目前已经应用非常普遍,AMR(Automatic Mobile Robot)即自主移动机器人等设备的应用,显著提高了物流效率。亚马逊已在其仓库中大规模应用 Kiva 机器人(参见图 5.14),将货架从仓库搬运至员工处理区,实现货到人的拣选,Kiva 机器人的应用使得拣选效率提高了 3 倍,准确率更是达到了 99.99%。

图5.13 京东"亚洲一号"自动化物流仓库

图5.14 亚马逊Kiva机器人

③ 配送机器人。配送机器人先根据收件人信息自动生成合理的配送路线,然后配送机器人根据路线进行快递包裹配送,在行进过

程中还能避让车辆、绕开障碍物,到达配送地址前向收件人发送配送信息,并根据人脸识别等技术将快递包裹准确交付给收件人。目前京东的配送机器人应用较多(图5.15即为其中的一个应用案例)。

图5.15　京东配送机器人在校园运行

④ 无人机快递。即通过利用无线电遥控设备和自备的程序控制装置操纵的无人驾驶的低空飞行器运载包裹,自动送达目的地。其优点主要在于解决偏远地区的配送问题,提高配送效率,同时减少人力成本。缺点主要在于恶劣天气下无人机会送货无力,在飞行过程中,无法避免人为破坏等。图5.16是京东无人机快递在配送过程中。

图5.16　京东无人机快递在配送过程中

人工智能除了应用于这些常见的物流场景外，其在物流行业中还广泛应用于表格处理、供应商及客户管理、仓库盘点、自动装卸等方面。随着 AI 在物流行业中的应用不断深入，物流行业变得越来越高效。

## 5.4 AI+ 物流典型企业分析

顺丰智能终端、京东智能园区、阿里菜鸟的机器人仓库、亚马逊超级仓……这些物流行业的巨头在 AI 与物流行业的结合中各自形成了独特的竞争优势。

① 顺丰速运。顺丰目前已经研发出第六代智能终端、智能手环以及机械臂来帮助快递员更高效率地完成工作；通过采用 NLP 技术等一些自然语言处理的解决方案，去分析客户咨询的真实想法，把关键信息提取出来，从而通过系统自动辅助客服工作人员，或自动完成一些操作，进而提供更加个性化的服务；利用 AI 技术将多维度的内、外数据相结合，建立机器学习模型，提供智慧决策。

② 京东物流。京东则是非常敏锐地把握了物流快递行业的发展趋势，自主研发、整合了在数据驱动、智慧供应链、科技物流三个方面的优势，创建了京东智能物流（JD Smart），目前在全国拥有 9 个"亚洲一号"智能物流中心。京东的无人分拣中心场内的自动化设备覆盖率达到 100%，可实现自动供包并对物流包裹进行扫描，实现及时有效地分拣、智能路径规划，配送过程实时可视，从而大幅度提升物流效率。

③ 菜鸟联盟。菜鸟联盟致力于在现有物流业态的基础上，建立一个开放、共享、社会化的物流基础设施平台。其打造的中国最大机器人仓库在广东惠阳已经投入使用，这一仓库内有上百台智能机器人，它们既协同合作，又要独立运行，代表着中国机器人仓库的

最高水平。菜鸟联盟试图在未来努力打造遍布全国的开放式、社会化物流基础设施——"中国智能骨干网",在全国范围内形成一套开放共享的社会化仓储设施网络。同时,利用先进的互联网技术,实现收发智能化。

④ 亚马逊物流。亚马逊在业界率先使用了大数据、人工智能和云技术进行仓储物流的管理,推出预测性调拨、跨区域配送、跨国境配送等服务。例如在中国亚马逊运营中心,最快可以在30分钟之内完成包括出库、快速拣选、快速包装、分拣在内的整个订单处理。此外,亚马逊还有一套基于大数据分析的技术来帮助精准分析客户的需求,当消费者浏览页面时智能系统也可以在几毫秒内从数百个交付方案中,计算出在承诺时间送达商品的情况下,哪一种发货方式最快捷、客户体验最好,从而实现动态调配不同仓库的库存,实现高效的配送。

# 第 6 章

# AI + 金融

## 6.1　AI在金融行业变得越来越重要

随着信息时代的浪潮席卷而来，AI技术逐渐应用到金融领域，并开始大展拳脚，其凭借快捷、高效、便利的优势很快便向传统金融行业发起了巨大的冲击。

基于高端的深度学习算法，AI技术推动视觉、语音、通话识别等技术快速在金融领域落地应用；AI技术已广泛渗透到金融行业中，且日渐成熟，其不断推动银行、保险、资本市场三大金融行业向快节奏、高效率、高收益时代发展。可以说，当前AI技术在金融行业的应用已经惠及千家万户，深刻影响到了金融行业的从业者与老百姓。

从政府层面，我国一贯高度重视金融行业的电子化、信息化与智能化。1993年，国务院出台《国务院关于金融体制改革的决定》，首先明确提出要加快金融电子化建设；随后经过了长时间的金融信息化和互联网金融的发展后，2014年互联网金融被写入了政府工作报告，2016年被写入"十三五"科技创新规划；之后在2017年央行正式成立金融科技委员会，标志着金融科技行业的正式崛起；2019年金融科技业首份顶层文件《金融科技（FinTech）发展规划（2019—2021年）》发布，更为科技金融发展指明道路，在这份报告中，AI被数次提及。探索人工智能技术在智慧营销、身份识别、风险防控等领域的应用路径和方法，推动金融服务向主动化、个性化、智慧化发展已成为金融行业的发展趋势。AI技术在金融领域也变得越来越重要。

## 6.2　AI技术在金融领域的主要应用

目前，AI技术在金融领域应用的范围主要集中在身份识别、智能量化交易、智能投资顾问、智能客服、信贷决策等方面。

① 客户身份识别。客户身份识别是通过人脸识别、虹膜识别、指纹识别等生物识别技术快速提取客户特征进行高效身份验证的 AI 应用。图 6.1 即为银行客户身份识别的一个应用场景。

图6.1 银行客户身份识别

技术的进步使客户身份识别广泛应用于银行柜台联网核查、自助开卡、远程开户、支付结算、反欺诈管理等业务领域中。

早在 2014 年,民生银行就将人脸识别引入自助发卡机、VTM 等自助终端设备以及银行柜面、银行移动运营环节,首次实现并引领人脸识别在金融行业的大规模应用潮流。随着时间的推移,智能机器人也成为了金融行业应用人脸识别技术的创新热点。智能机器人通过人脸识别技术可以对客户进行身份认证,并提供业务咨询、余额查询等业务,在为客户带来乐趣的同时,还能起到分流引导的作用,大大缓解了大堂经理和柜台业务处理的压力。

相比于人脸识别技术的火热,指纹识别技术在金融领域的应用更为成熟。中国邮储银行、农行、招行等银行早在 10 多年前就已经在内部风险控制中引入了指纹识别技术。工作人员登录柜员核心业务系统和验印系统等银行系统时,需要通过指纹认证才可进行授权等操作,既让员工摆脱了烦琐的密码,也可避免共用密码、违规授权等现象,有效加强银行内部管控。

虹膜识别技术由于成本较高,应用还未大规模普及,但已有银行在金库门禁等重要区域设立虹膜门禁。

整体来看,客户身份识别是AI技术在金融领域中最广泛的应用。

② 智能量化交易。量化交易是指通过对财务数据、交易数据和市场数据进行大数据分析建模,通过分析显著特征,利用回归分析等算法形成模型来制定交易策略。传统的量化交易方法严格遵循基本假设条件,模型是静态的,不适应瞬息万变的市场。智能量化交易能够使用机器学习技术进行回测,自动优化模型,自动调整投资策略,在规避市场波动下的非理性选择、防范非系统性风险和获取确定性收益方面更加具有优势,因此在证券期货外汇投资领域得到快速发展。图6.2即为采用人工智能技术的证券投资模型,图6.3是使用智能量化交易技术的交易系统。

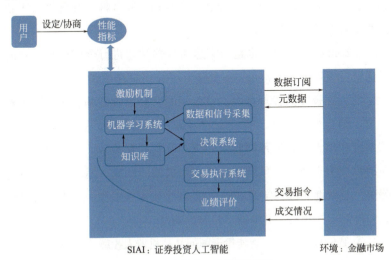

图6.2 人工智能+证券投资模型

图6.3 天又AI智能量化交易系统

全球最大的对冲基金桥水联合（Bridgewater Asspcoates），早在2013年就开始组建人工智能团队。据彭博新闻社报道，该团队所设计的交易算法程序，通过历史数据和统计概率来预测未来走势。该程序将随着市场变化而变化，不断适应新的信息，而不是遵循静态指令。桥水基金的创始人也曾公开表示，其旗下基金持有大量多仓和空仓，投资120种市场，持仓组合高达100多种，并且以人工智能的方式考虑投资组合。

Rebellion Research 也是一家运用机器学习进行全球权益投资的量化资产管理公司。Rebellion Research 公司早在2007年就推出了第一个纯人工智能的投资基金。该公司的交易系统是基于贝叶斯机器学习，结合预测算法，响应新的信息和历史经验，从而不断演化。该系统利用人工智能预测股票的波动及其相互关系，来创建一个平衡的投资组合风险和预期回报，利用机器的严谨，超越人类情感的陷阱，有效地通过自学习完成全球44个国家在股票、债券、大宗商品和外汇上的交易，并取得了良好的业绩。

③ 智能投资顾问。智能投资顾问又称机器人投顾（Robo-Advisor），主要是根据投资者的风险偏好、财务状况与理财目标，运用智能算

法及投资组合理论,为用户提供智能化的投资管理服务。其实质是利用机器模拟理财顾问的个人经验(参见图6.4)。其核心环节包括:用户画像、大类资产配置(投资标的选择)、投资组合构建和动态优化等。智能投顾主要服务于长尾客户,它的应用价值在于可代替或部分替代昂贵的财务顾问人工服务,将投资顾问服务标准化、批量化,降低服务成本,降低财富管理的费率和投资门槛,为更多普通客户提供更优质的服务。

■ 智能投顾服务模式示意

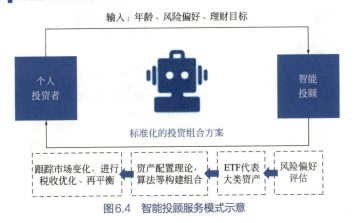

图6.4 智能投顾服务模式示意

智能投顾首先通过技术革新降低成本及门槛,实现服务从0到1的创造;而后,利用强烈的规模效应,智能投顾可将边际成本几乎降低至0,实现从1到100的大规模复制,因而有望降低成本,提高服务科学性,服务长尾用户,成就普惠金融。

④ 智能客服。智能客服主要是以语音识别、自然语言理解、知识图谱为技术基础,通过电话、APP、短信、微信等渠道与客户进行语音或文本上的互动交流,理解客户需求,语音回复客户提出的业务咨询,并能根据客户语音导航至指定业务模块。智能客服为广大长尾客户提供了更为便捷和个性化的服务,在降低人工服务压力和运营成本的同时,进一步增强了用户体验。

下面我们以银行业的贷后业务属性构建智能客服系统（图6.5），并将其划分成客户问答、放款回访、还款提醒、客户预警等模块，每个模块完成一个确定的功能，并在模块之间建立业务联系，通过模块间的相互协作，辅助系统提升客服效率。

图6.5 智能客服系统构成

a. 智能客户问答。基于深度机器学习的智能问答流程：首先，自动识别客户提出的问题，将问题进行归类；其次，通过语义识别对比问题相似度，检索问答知识库；然后，通过AI语义检索引擎搜索匹配答案；最后，给用户提供最终答复。

b. 智能放款回访。放款回访主要是检查贷款用途是否真实有效，手续是否合规恰当，借款主体是否真实，加强客户服务，监督银行内部操作人员行为。

c. 智能还款提醒。机器人在临近还款日，自动发送信息，或一键外呼提醒客户到了还款时间，提升客户还款的响应速度。

d. 智能客户预警。智能客服通过查询客户的实时金融数据，了解用户状态及用户偏好，对金融企业客户风险特征进行客户标签分类，捕捉一些影响客户还款的风险事件，为客户预警提供客观的决策依据。

依托数字技术的发展，智能客服已经成为一个集数字化、智能化和线上化于一体的综合金融服务平台,为金融企业开源节流、降本增效,并提升客户服务体验。

⑤ 信贷决策。在信用风险管理方面,利用"大数据 + 人工智能技术"建立信用评估模型,关联知识图谱可以建立精准的用户画像,支持信贷审批人员在履约能力和履约意愿等方面对用户进行综合评定,提高风险管控能力。图6.6 即为采用 AI 技术的信贷决策系统示意。

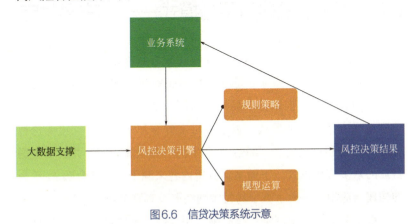

图6.6 信贷决策系统示意

在汽车金融服务领域,经销商和客户都在追求决策速度。为了获得竞争优势,丰田金融服务公司已开始使用 AI 技术来提高其自动化信贷决策速度,改善客户和经销商的体验,以及有效管理消费者信贷风险,同时坚持公平的放贷流程。

丰田金融服务公司于 2019 年 6 月开始研发其智能融资决策引擎(IFDE)。该引擎是一种云端、可扩展的贷款发放决策引擎,用于开展客户购车融资方面的信贷风险分析。丰田金融服务公司于 2019 年底与其第一家经销商合作推行了该决策引擎,然后于 2020 年开始向 2000 多家经销商推行该决策引擎。

该智能融资决策引擎已将丰田金融服务公司的购车贷款决策速度提高了超过 20%(从不足 50% 提高到超过 60%)。该引擎还使客户贷款违约量(即当客户无法付款而退回车辆的情况)降低到

0.3% 以下。

在这些应用场景之外，征信反欺诈、智能保险、智能监管、智能银行网点也是 AI 技术在金融行业的重要应用场景。随着 AI 技术的不断成熟进步，其在金融行业中的应用广度与深度仍将不断向前。

## 6.3　AI+ 金融典型平台模式——苏宁易付宝

AI 技术在金融行业中的应用主要体现在智能电子支付方面，其中，支付宝、微信、京东、苏宁、拉卡拉等都有相应的技术领先的支付平台，下面我们以苏宁易付宝为例，全面阐述 AI+ 金融平台的典型技术方案及商业模式。苏宁易付宝背靠苏宁商城，深度渗透智慧零售场景和垂直场景，涵盖 O2O 生活消费众多领域，并具备金融行业的众多应用方式。下面案例分析内容来源于《智慧金融 AI 平台的构建与应用——南京苏宁易付宝网络科技有限公司》。

南京苏宁易付宝网络科技有限公司秉持"金融科技＋场景金融"的普惠金融发展思路，依托苏宁金融科技领先优势，深度渗透智慧零售场景和垂直场景，围绕 O2O 生活消费领域打造"苏宁智慧金融 AI 平台"。

该平台可提供生物特征识别刷脸、指纹支付及无人店的无感支付产品等，在无需担心资金风险、安全、稳定的前提下，实现"即拿即走、即刷即放"的消费体验。

与此同时，该平台还能够自动匹配商家营销和银行营销活动，主动将各类优惠券、立减、积分抵扣一网打尽，为用户节省每一分钱。

苏宁智慧金融 AI 平台利用多维度数据获取和基于机器学习的人工智能算法，打造了智能支付决策、智能风控平台、云支付平台、风险防控平台，为提升用户体验及发展普惠金融提供强有力的支撑。

## 6.3.1 建立智能支付决策

基于整个用户的心智模型,依托苏宁生态圈积累的海量交易数据,再结合营销策略和用户的消费习惯,选择最优的付款方式命中消费者的心智。也就是说,可以根据具体用户具体订单,进行个性化的最优展现和系统逻辑处理,达到千人千面的效果,满足每一个用户的支付需求。包括异常分支的智能服务系统、客户服务智能调度引擎、实时感知服务场景 SLA、用户心智和促销活动智能匹配、机器培训及仿真演练等。会判断这次支付该如何执行,选择哪个支付方式,有没有优惠,如何让用户省钱等,并以百万次每秒的速度进行深度模型计算。整个智能支付决策示意参见图 6.7(076 页)。

### (1)插件式规则引擎

插件式规则引擎(图 6.8 见 077 页)支持插件的并行研发,提高业务响应速度,为业务提供多层次、多功能、多渠道决策服务,针对不同产品使用不同决策策略与决策链路,实现决策多元化。

### (2)意图分流引擎

意图分流引擎(图 6.9 见 078 页)根据用户具体订单达到一人千面,为多元化的支付场景提供稳定、可靠、高效的支付方案,保障用户的各种支付体验效果。实现对银行卡额度的计算管理,提前判断单笔、单日限额是否超出,成功率高达 90% 以上。

## 6.3.2 搭建智能风控平台

智能风控平台(图 6.10 见 079 页)覆盖了用户的交易全流程,从设备、身份、银行卡信息到交易操作等多维度地识别异常账户,从"极目"账户异常预警系统、"两仪"风控算法模型、"棱镜"反欺诈侦测引擎,到 3000+ 条风控规则、5000+ 个专家模型,构成智能风控矩阵,做到 360 度全方位保障交易安全,确保进行支付的人就是用户自己。

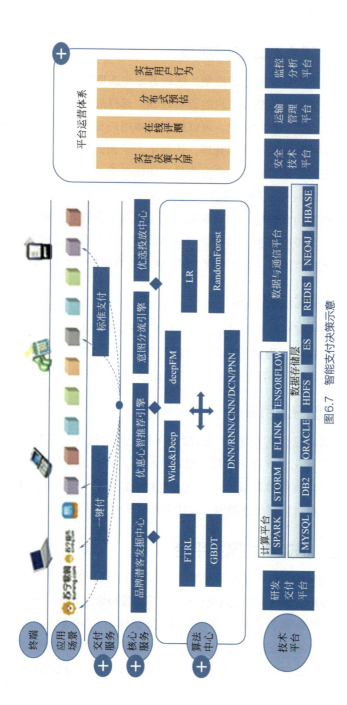

图6.7 智能支付决策示意

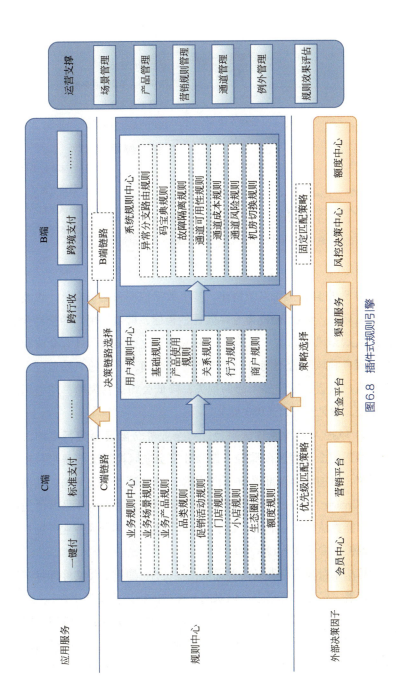

图6.8 插件式规则引擎

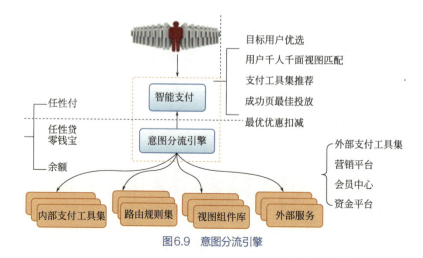

图6.9 意图分流引擎

① 账户异常预警系统搭建。基于数据挖掘和随机森林,以及机器学习算法,结合 3000 多个风险评估指标,覆盖了用户的交易全流程。从欺诈风险到账户风险、信用风险等业务领域,具有全流程的客户服务和风险管理能力,实现实时、准确、高效的风险监控,减少因账户被盗、欺诈等引起的损失,降低公司运营风险,增强用户信任度,参见图 6.11(080 页)。

② 风控人工智能算法平台。对全业务金融交易进行事前、事中、事后的全流程风险监控。作为苏宁金融风控算法部署平台和计算引擎,目前已实现部署 50 余个模型,算法涵盖了决策树、随机森林、XGboost、TensorFlow 以及 GBDT 等类型。通过部署业内领先的人工智能算法模型,提升了支付、信贷等数十个细分风控业务场景的数据价值,参见图 6.12(081 页)。

算法平台模型部署只需要提供模型文件,通过上传文件即可实现一键部署。模型计算引擎可以对同一类型的模型实现通用性执行,保证了不同场景的模型都可以同时运行。其中套现地址库模型,用于实物支付场景,可有效识别中介套现和非真实购买意愿的交易,预计异常交易识别率提高 15%~20%,保证了苏宁金融用户的资金交

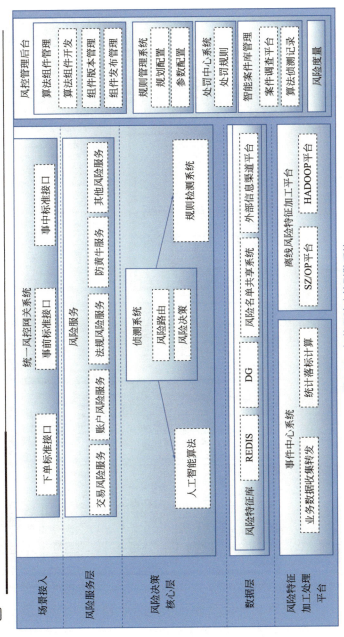

图6.10 智能风险决策引擎系统

第6章 AI+金融　079

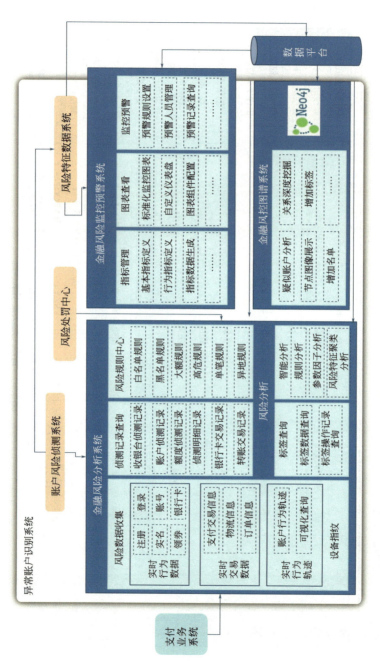

图 6.11 异常账户识别系统

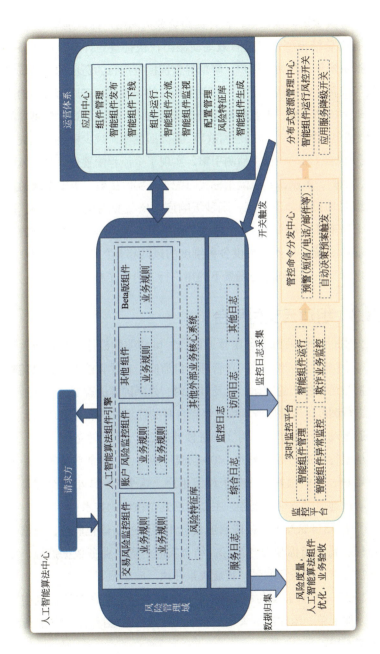

图6.12 人工智能算法中心

易安全。资金饥渴度模型，预计提高资金饥渴用户的识别率至40%。极目签约总结模型，可更有效地侦测出在快捷签约环节存在明显异常、批量聚集性行为的用户，降低异常快捷签约行为造成的营销资源损失与浪费。营销活动环节中对黄牛账号的识别率，在原有规则的拦截基础上提高30%。催收模型用于信贷催收中，提前筛选比较难催的客户，通过机器介入，增加催回款项，提高回款率，减少资金的损失。

③ 风控CSI——棱镜侦测引擎。实现了全流程配置化，对于风险事件、规则、数据源，风险指标实时配置，实时生效。苏宁金服通过该系统月均扫描数千万笔，毫秒级响应。风险交易识别率99%，而交易干预率低于0.08%。真正做到了保护用户于无形。风控系统的风险特征库系统，目前已提供各种维度的风险指标约2500个，200多个用户标签，对不同业务场景下的用户行为进行了精细划分。

## 6.3.3 组建云支付平台

云支付平台采用高可用体系设计、可伸缩性设计，全网弹性治理，每个组件具有自监控、自管理、自适应与自优化能力，可以随着业务量与访问模式的变化，以及其他内、外部因素的改变，自动地对资源进行调度，调整服务策略，保障自身的稳定性与服务的质量。

通过动态一键扩容，可实现每秒处理20万笔支付交易。

从银行渠道的覆盖来讲，400家银行通道，不仅能服务于大中型城市用户，也能很好地服务于村镇用户。这个7×24小时全部是系统自动化地保障持续的服务，主要包括几个核心的技术：

① 故障自愈能力。故障自愈设计主要通过立体化监控，依据基础指标、系统指标和业务指标，结合实时告警、业务数据监控，分析异常链路、服务和场景，智能决策并执行应急预案。

② N+X设计。支付核心链路Failover设计，实现多活数据中心建设，保证单一组件实例失效不影响业务的正常运行（多活/热备），参见图6.13。

高可用设计：异地多活

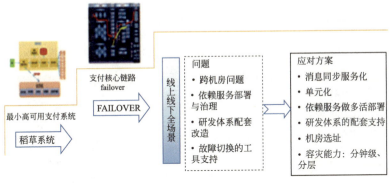

图6.13　异地多活设计

③ 全网自动化。系统设计了立体化的监控体系，监控每个组件的运营状况。通过立体化的监控系统，实时反馈链路运行情况，通过智能决策引擎分析，实时调度服务资源，主要体现在：

a. 日志模型化。通过统一日志模型，标准化文本输出，通过Flume、Hadoop、ES等技术处理，提供准确的基础源数据。

b. 数据可视化。建立系统全景视图，实时计算并展示业务运行数据。

c. 管控全网化。通过规则报警、一键定位、洪峰控制、业务降级等方案，实现了支付业务的全权管控，确保链路的稳定性。

d. 监控工具化。自建全链路监控系统，实现了业务指标（请求数、耗时、成功率等）和系统指标（CPU、IO、内存等）的实时监控。

e. 指标简单化。通过核心链路SLA建模，分析链路瓶颈点，有针对性地进行优化，提升了核心业务系统的稳定性。

## 6.3.4　确保风险防控保障

风险防控平台可保障资金安全，快速定位风险问题并及时解决。高可用和资金安全能力相结合的AIOps，具体运行参见图6.14。通

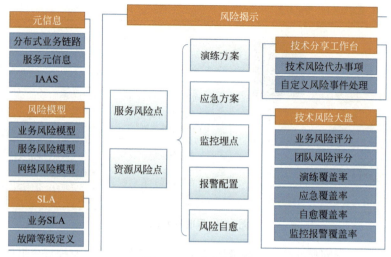

图6.14 风险防控示意

过风险模型、完善的系统元信息和完整的保障机制,系统可实现在5分钟内主动发现风险,并且在发现问题后的5分钟内,采用全方位监控、报警信息聚合、根因分析定位、预案和变更自愈,快速解决问题,形成了更智能化、精细化的技术风险防控体系。聚焦于系统健壮性的提升,通过建设反脆弱的系统来降低意外事件的影响,持续提升风险保障能力。通过灰度变更,强化变更过程中的监控能力和回滚能力,降低变更风险。通过自动化测试、线上压测、线上仿真测试等技术手段来降低风险。

苏宁易付宝通过智慧金融 AI 平台的构建与应用,践行了"金融科技+场景金融"的普惠金融思路,通过深度应用 AI 技术,为消费者提供了便利安全的消费体验,也为苏宁电器与苏宁小店的线上线下业务的蓬勃发展提供了有力的支撑,也为其他企业在支付宝、微信之外拓展智慧金融业务提供了非常有价值的参考。京东、美团、滴滴等一批与消费者 O2O 业务结合较为紧密的企业也建设了有自身特色的智慧金融平台,并越来越展现出别具特色的竞争力。

# 第 7 章

# AI + 教育

## 7.1 AI 在教育领域的应用前景广阔

当前,人工智能技术已经应用到教育的各个年龄段和全生态链,从教学、管理到评价等各方向,比如学龄前的人工智能教育启蒙机器人;通过图像识别技术批改作业和阅卷;通过语音识别和语义分析技术,可以辅助教师进行汉语拼音教学和英语口试测评,矫正发音;利用智能教育助手进行在线答疑;通过智能教育评价系统进行教育评价……人工智能正在快速深刻地改变我们的学习方式、教学方式、思维方式,包括我们解决问题的方式。

国家层面也十分重视人工智能在教育中的应用,国务院《新一代人工智能发展规划》指出:利用智能技术加快推动人才培养模式、教学方法改革,构建包含智能学习、交互式学习的新型教育体系。开展智能校园建设,推动人工智能在教学、管理、资源建设等全流程中应用。开发立体综合教学场、基于大数据智能的在线学习教育平台。开发智能教育助理,建立智能、快速、全面的教育分析系统。建立以学习者为中心的教育环境,提供精准推送的教育服务,实现日常教育和终身教育的定制化。

由此可见,人工智能应用于教育既有来自于国家政策的支持,更有广泛的市场需求。未来中国教育市场的发展前景广阔,将成为人工智能行业应用的重要焦点。

## 7.2　AI 在教育领域的应用现状和趋势

### 7.2.1　教育机器人的应用

#### （1）学龄前教育机器人

学龄前教育机器人主要针对学龄前儿童还处于比较贪玩的年龄段，以兴趣引导为主，寓教于乐，在玩乐中获取知识。目前市场上较知名的产品有科大讯飞的阿尔法蛋，小米的米兔（图7.1）、小爱同学，优必选的悟空智能机器人等。基本功能聚焦在幼儿启蒙、听说读写等，有的兼顾语音和视频通话功能，有的是可编程机器人，可锻炼儿童的动手动脑能力，高端的有物体识别、智能问答等功能。学龄前机器人普及率很高，基本款价格在 100～500 元，大众基本都能接受。

图7.1　小米"米兔"智能机器人

学龄前机器人课程基本是围绕简单机械机器人展开，不涉及编程，重在在搭建的过程中培养儿童的手眼协调能力、语言表达能力、空间方位感知觉，锻炼小肌肉群发展，丰富儿童的生活经验和建构经验。可编程机器人基本根据年龄段设定课程，在学龄前儿童的启蒙阶段（3～6岁），重在引导儿童主动发现问题，初步探索机械、能源的作用机制，提高动手、计算、创造、语言表达能力，同时培养耐心和良好的行为习惯。

### （2）幼儿园 AI 赋能

人工智能已经在幼儿园有了初步应用，尤其在新型冠状病毒肺炎（以下简称"新冠"）疫情情况下，利用人工智能和大数据技术，将机器人应用在幼儿园的晨检、安防、教学等中显得更有必要。陕西西咸新区的西安和平新时代幼儿园就引入了人工智能系统，在入园检测登记和教学等场景中进行了 AI 赋能（图7.2）。

图7.2　西咸新区的西安和平新时代幼儿园

幼儿园尤其是高端幼儿园应用人工智能技术将成为未来发展趋势，人工智能给幼儿园带来的数据化、智能化、可视化、可追溯等有利于激发孩子的好奇心，且能充分地观察和了解孩子们的情绪和需求，拥有广阔的市场空间。

### （3）可编程机器人

教育与科技的完美融合能够很好地推动"寓教于乐"教育方法的实施，尤其在涉及科学（S）、技术（T）、工程（E）、数学（M）四大学术门类的 STEM 教育领域，大量教育服务机器人的应用，极大地提升了学生的动手及创新能力，同时也成为了教育及科技领域当下的风口。优必选、大疆、乐高等都推出了可编程机器人，并且举办了很多有影响力的大赛，也进入了很多校园，在全国很多学校开办了相应的课程。

优必选 Jimu 机器人（Jimu Robot）就是优必选科技旗下一款 STEM 教育智能编程机器人。采用机器人数字舵机，大转矩数字舵机关节。卡扣设计，让联锁块无需工具即可卡合在一起，打造多样创意。在 App Store 可以获得 Jimu 机器人的应用软件，通过 Jimu APP 内置的"3D 动态搭建"图纸组装 Jimu 机器人（图 7.3），可以编程创造动作形态。

图7.3 优必选（UBTECH）Jimu 积木探索者编程机器人

大疆 DJI 机甲大师 RoboMaster S1（图 7.4）是大疆创新首款教育机器人。支持 Scratch 和 Python 编程。APP 的实验室中有大师之路、我的程序和机甲学院三个功能，以一种由浅入深的学习思路启蒙式地教编程。

图7.4　大疆 DJI 机甲大师 RoboMaster S1 竞技套装

## 7.2.2　智能校园

人工智能贯穿了义务教育的全过程，智能校园是重中之重的一个板块。智能校园是依靠人工智能技术将校园、生活和管理集为一体的智能化校园，通过智能校园建设，能实现更加便利和高效的校园生活、教学体验。目前，针对不同类型的校园，腾讯、阿里、百度、旷视科技、外研讯飞、焦点教育等公司开展了智能校园整体解决方案和专业化模块业务服务，我们选其中有代表性的进行解读和分析。

腾讯智慧校园（图7.5）是以微信（学生、家长）和企业微信（老师）为入口的"移动端校园智慧生态圈解决方案"。为教育主管部门、学校、老师、学生、家长等各方教育主体提供服务，覆盖智慧管理、智慧教学、智慧家校、智慧办公、智慧环境、智慧评价、智慧数据等校园场景，主要专注于校园信息流转、媒体宣传、家校互动、师生教育、工作办公等五大场景，依角色提供精准服务。

旷视科技从"校园空间"出发，贴合"教学与教务"管理诉求，以"人脸识别"技术作为"身份管理"的立足点，融合"物联网和大数据"多项能力，打造涵盖"通行考勤、平安校园、宿舍管理、

图7.5 腾讯智慧校园全景图

会议签到和人脸支付"在内的智慧校园解决方案,助力校园教务教学智能化和智慧化管理,提升校园综合管理质量。旷视科技智能校园如图7.6所示(见092页)。

外研讯飞面向职业院校需求开发的讯飞智慧校园,是将人工智能技术及云计算、大数据、移动互联等技术与职业院校教、学、考、用、管等业务深度融合,通过平台搭建和应用建设,提供统一规范的智慧化教育管理服务,覆盖招生迎新、教学、科研、管理、实习、实训、校园生活、决策支持、就业创业等师生在校全生命周期,实现校园的全面信息化和智能化。外研讯飞的智慧校园如图7.7所示(见093页)。

焦点教育是国内A股上市公司焦点科技投资成立的互联网教育公司,是国内少数几家有全领域智慧教育自研产品的教育信息化系统集成服务商。致力于打造"校园智慧大脑",为教师、学生、家长、管理者等提供智慧化解决方案。焦点教育的校园智慧大脑如图7.8所示(见093页和094页)。

UINO(北京优锘科技有限公司)以数字孪生为理念,以三维可视化为特色,以物联网、大数据、人工智能等新型数字化技术为基础,构建智慧校园"大脑"。对校园的人、车、资产设备、各业务系

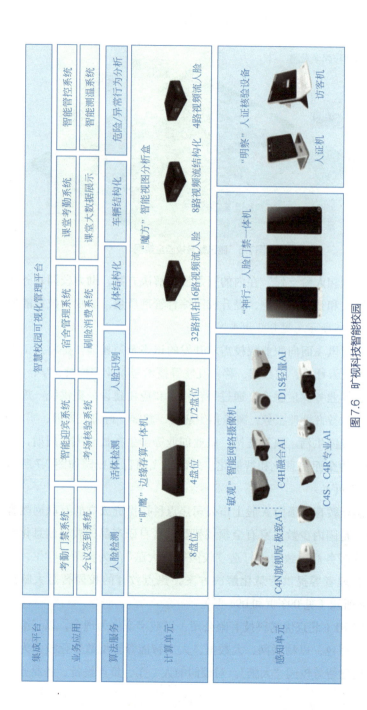

图7.6 旷视科技智能校园

图7.7 讯飞智慧校园

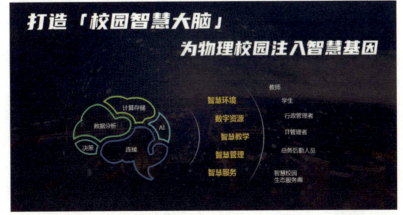

图7.8

第7章 AI+教育

## 校园智慧大脑——打造基于校园智慧大脑的开放+融合平台

**智慧环境**: 基础IT环境 | 智慧教室 | 安防监控 | 智能终端 | 校园物联 | 绿色节能

**智慧教学**: 智慧课堂 | 云课堂 | 智慧班牌 | 智能阅卷 | 错题本 | 在线作业 | 自适应学习 | 创新实验 | 数字图书 | STEAM | 录播系统

**智慧服务**: 家校互动 | 移动服务 | 师生考勤 | 刷卡消费 | IT服务

**智慧管理**: 教务管理 | 师生管理 | 学生成长 | 教师发展 | 总务后勤 | OA协同

**校园智慧大脑**

**业务中台**: 应用管理中心 | 基础数据中心 | 身份认证中心 | 开放能力中心

**数据中台**: 主数据库 | 结构化数据 | 非结构化数据 | 数据仓库 | 数据分析 | 数据挖掘 | 数据接口 | 数据服务(Data Api)

图7.8 焦点教育校园智慧大脑

统进行全面连接；实现数据全融合、状态全可视、业务全可管、事件全可控，使校园更安全、高效、舒适，运营成本更低，实现持续卓越运营。图7.9为利用数字孪生技术打造校园智能运营可视中心。

图7.9 校园智能运营可视中心

从以上各家公司对智能校园的布局可以看出，他们都在利用各自的技术优势从不同角度切入智能校园。

## 7.2.3 互联网教育中人工智能技术的应用

互联网教育中正融入越来越多的人工智能技术，人工智能技术的应用有助于均衡教育资源，提高学习效率，改进学习体验，更能针对不同学习者进行精准画像，提供所需要的个性化学习方案。目前，互联网教育中的人工智能技术主要应用在个性化学习、虚拟助手、智能语言教育、专家系统等几个方面。

① 个性化学习。传统的教育体系是通过整齐划一的教学流程来产生人才，而现代教育强调素质教育，更注重个性化发展。个性化需要因材施教，因此要对学生的学习数据进行有效采集和处理，通过优质和海量的数据进行模型训练，不断优化个性化教育方案。每个孩子的天赋、理解能力和兴趣点都不同，利用信息技术捕捉学生在学习过程中的行为，结合大数据分析，可以进行能力测评，然后针对每个孩子的不同情况进行个性化教育。在下一节商业模式案例分析中将着重解读猿辅导个性化学习案例。

② 教育虚拟助手。智能虚拟助手是基于人工智能的对话式智能服务，教育虚拟助手，就是为学习者提供陪练答疑、咨询、助教等服务。作业帮自主研发了多项学习工具，包括答疑、直播课、古文助手、作文搜索、智能批改等。作业帮虚拟批改助手如图7.10所示。

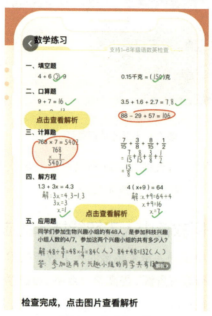

图7.10 作业帮口算

值得关注的是，中国教育在实行"双减"政策后，明确限制不得拍照解题。《关于进一步减轻义务教育阶段学生作业负担和校外培训负担的意见》中指出：积极探索利用人工智能技术合理控制学生连续线上培训时间；线上培训机构不得提供和传播"拍照搜题"等惰化学生思维能力、影响学生独立思考、违背教育教学规律的不良学习方法。因此，教育虚拟助手的功能开发也要考虑政策许可范围。

③ 智能+语言教育。人工智能融入语言教育已经是大势所趋。首先，智能化发音是比较精准的，能给出准确发音；其次，通过语言测评技术可以指出说得好坏，哪个地方有问题需要更改；最后，

智能化方法能更高效快捷地提升语言教育水平。北京博智天下信息技术有限公司旗下教育品牌朗播就是通过"方法课＋陪练课＋智能训练计划"的在线学习模式，从根本上提升学习者的英语综合能力。朗播能力测评如图 7.11 所示，朗播智能训练如图 7.12 所示。

图 7.11　朗播能力测评

- 「每轮测评」后动态调整下轮练习内容　　　「9 项细分」练习涵盖各个考点
- 「15 轮练习」含细致引导及答案解析

图 7.12　朗播智能训练

④ 人工智能教育专家系统。专家系统在教育领域拥有广泛的应用，比如教学资源利用专家系统、学习成绩分析专家系统、学生心理素质测评专家系统、升学报考系统等。

平方创想教育科技（北京）有限公司旗下"申请方"就是基于大数据和人工智能，为面临升学、留学、求职等情况的用户提供的智能规划和申请服务平台。如图 7.13 所示。

图7.13　高考专业测评

## 7.3　AI+ 教育典型商业模式创新案例分析

猿辅导通过猿题库和真人在线辅导帮助学生提高科目学习成绩，融入了大量人工智能技术来进行个性化教育服务。首先，利用大数据进行个性化评估，便于对学员进行精准画像和个性化辅导。如图 7.14、图 7.15 所示。

图7.14　个性化测评

图7.15 科技助力因材施教

其次，小猿口算是一款免费帮助家长、老师减轻作业检查负担的学习工具类 APP，可通过拍照实现一秒检查小学作业，目前已全面覆盖小学阶段的数学、语文、英语等科目的各种题型。小猿口算的智能批改如图 7.16 所示。

图7.16 小猿口算的智能批改

猿辅导有斑马、南瓜科学、猿编程三个模块：斑马是针对少儿数学的模块；南瓜科学是针对学科学，引导自主动手能力的模块；猿编程立足于以编程语言为依托，培养驾驭未来的复合型人才。

通过猿辅导转型成功的案例可以看出，人工智能会取代简单重复的教育类脑力劳动，人工智能还可以通过精准画像实现个性化教育，并通过数据可视化分析，精准地把学生的学习过程和效果呈现给家长、老师。未来的教育一定会走向人与人工智能协作的时代。

# 第 8 章

# AI + 医疗健康

## 8.1　AI+医疗健康助力健康中国建设

《"健康中国 2030"规划纲要》提出"共建共享、全民健康"的战略主题。中国人口众多,区域经济发展不平衡,城乡医疗资源严重失衡都制约着"全民健康"目标的实现。"AI+医疗健康"能很大程度上改变这种局面,助力健康中国建设。

人工智能在疾病筛查、慢病管理、细胞识别、健康管理、病历分析、辅助诊断、机器人手术、智能化器械、药物研发等领域已经广泛应用。人工智能在医疗健康领域的应用示意如图 8.1 所示。

图8.1　人工智能在医疗健康领域的应用示意

① 在疾病筛查领域。近年来,人工智能在人类疾病的早期筛查中被越来越多地开发使用,AI 技术的速度更快,效率更高,且大规模应用后成本较低。能更早诊断发现疾病无疑能够更好地治疗,尤其对于肿瘤病人来说,早发现早治疗无疑意味着治愈率提升和寿命延长。例如,美国休斯敦的研究人员开发出一款人工智能软件,能

够准确解读乳腺 X 射线影像结果，帮助医生快速准确地预测乳腺癌风险。这套计算机软件能够直观地将病人的图像结果翻译成诊断信息，速度是人类的 30 倍，准确率高达 99%。将人工智能技术用于心电图分析，能够准确地筛查出早期无症状左心室功能障碍指标，准确性要优于其他常见的筛查手段。

② 在慢病管理领域。慢性病需要的是长期坚持的护理和治疗方案，这也是慢性病患者需要占用较多医疗资源的原因。"AI+ 慢病管理"可以纠正患者的不良习惯，改变重"医"轻"防"的观念。特定的智能化设备也可以对疾病进行定期监测，及时预警。

③ 在医疗诊断辅助领域。人工智能的优势在于结合医疗场景的需求，利用深度学习算法将海量的数据模块化，迅速演算出量化结果，进行辅助诊断，减少误诊、漏诊率。比如，2018 年一场针对甲状腺癌的 AI 读片大赛里，医生的平均读片时间是 45 分钟，准确率 74.46%；智能超声仪时间为 1 分 36 秒，准确率 90%。

④ 在机器人辅助手术领域。对病人来说，机器人系统的潜在好处是可以减少疤痕和痛苦，减少血液损失，更快地康复。而对医生来说，这个灵巧的工具可以减少在病人身上开口，缩短了手术时间。目前，比较有名的有达芬奇机器人，达芬奇机器人现在主要应用于泌尿外科、甲状腺、妇科肿瘤、胃肠、儿童外科等相关手术，原因在于这些地方的病症不是牵涉到敏感神经，就是隐藏很深需要高精度的操作。

## 8.2　AI+ 医疗健康技术创新产生新的商业机会

① 人工智能疾病筛查。人工智能能够参与疾病的筛查和预测，需要从行为、影像、生化等检查结果中进行判断，依靠得最多的检

查数据是 MRI、CT、X 射线等影像数据。

阿尔茨海默病预测：英国 Avalon AI 公司通过脑部核磁共振（MRI）图像，预测人们在未来患阿尔茨海默病的概率。目前医学界诊断阿尔茨海默病的生物指标主要有两个：一是海马体（相当于大脑记忆芯片）的大小；二是脑室的大小，因为脑室体积会随着脑组织退化而增大。他们利用深度学习技术开发计算机医学影像诊断工具，2017 年对阿尔茨海默病的有效预测准确率达到了 75%。Avalon AI 利用深度学习技术开发的阿尔茨海默病诊断过程如图 8.2 所示。

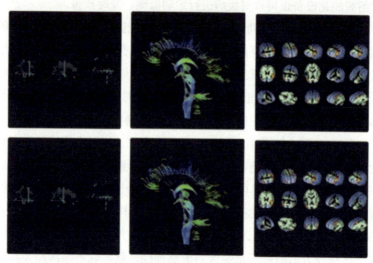

图8.2　Avalon AI利用深度学习技术开发的阿尔茨海默病诊断过程

② 人工智能慢病管理。同济云医智能慢病管理系统接入了同济互联网医院。患者居家慢病管理期间，足不出户，就可以通过智能咨询、在线挂号、在线问诊、测评和健康教育、用药管家等功能接受同济专家的全周期管理。

出院患者将定期收到智能医生助理发送的患者健康评估定量表（HAQ），患者填写相关信息后即可收到初步的评估报告，了解自己的疾病状态。评估分为不同等级，当出现异常时，智能医生助理就会发出预警,并评估患者是否需要医生指导或面诊。当患者的病情评估需要医生介入时,则给患者推送互联网医院图文咨询和视频问诊链接;当患者的病情评估需要面诊时,则给患者推送医院预约挂号服务。根据患者提供的病情变化信息,AI智能随访将调整随访的内容和频次。

同时,该系统还有医生端,也能同步收集到患者出院后的评估报告,并收到预警。医生将根据预警信息主动联系患者,进行药物的调整,及时为患者制定个性化的疾病管理方案,从而实现了对慢病患者的全程管理,为患者提供连续的医疗服务。

③ 人工智能高效识别不同类型的癌细胞。在 Cancer Research 研究报告中,来自日本大阪大学的科学家们发明的基于人工智能的系统,能通过扫描显微图像并获得比人类判断更高的准确率,来有效识别不同类型的癌细胞。这种方法或能给肿瘤学领域的研究带来革命性的突破。这种系统基于一种卷积神经网络,卷积神经网络就是一种以人类视觉系统为模型的人工智能模式,研究人员能利用这种人工智能系统有效区分小鼠和人类机体中的癌细胞,同时还能区分出对放疗产生耐受性的癌细胞。研究人员首先利用从相差显微镜上获得的 8000 张细胞图像来对这种人工智能系统进行训练,同时利用另外 2000 张图像来检测该系统的准确性,从而观察该系统是否能够学会图像的特征并有效地将小鼠机体的癌细胞与人类机体的癌细胞相区分,以及将对放疗耐受的细胞与对放疗敏感的细胞相区分。当被训练后,该系统就能够根据细胞单独的显微图像来有效识别出不同类型的细胞。

④ 人工智能加速药品研发。人工智能的发展,为新药研发带来了新的技术手段。通过机器学习(machine learning,ML)、深度学习(deep learning,DL)等方式赋能药物靶点发现、化合物筛选等环节,大大提升了新药研发的效率,为降本增效提供了可能。截至 2020 年,全球共有 240 家 AI+ 新药研发企业,主要分布在美

国、英国和加拿大,国内也有一些从事此类工作的企业。目前,探索 AI+ 新药研发的企业主要有三类:一是 AI 药物研发创新企业,如 Exscienta、BenevolentAI、Atomwise、Relay Therapeutics、晶泰科技、燧坤智能等;二是 IT 巨头,如 Google、微软、腾讯、阿里巴巴集团等;三是大型制药企业,如罗氏、阿斯利康、强生、葛兰素史克(GSK)等。

据 "Nature",新药研发的平均成本约为 26 亿美元,大约耗费 10 年时间。包括了漫长的新药发现阶段、临床前研究阶段和临床研究阶段(图 8.3),以及注册审批的过程。新药研发是一个耗时耗资且失败率高的巨大工程,能够通过这重重考验并成功上市的药物,仅有不到 1/10。临床试验的失败主要源于候选药物缺乏有效性,即药物的靶点不对。AI 的深度学习能够通过穷尽各大患者及健康人群数据库找到药物候选靶点,运用算法精准预测,快速筛选活性化合物,虚拟构建药物分子。AI 让药物研发模式发生了本质上的逆转,

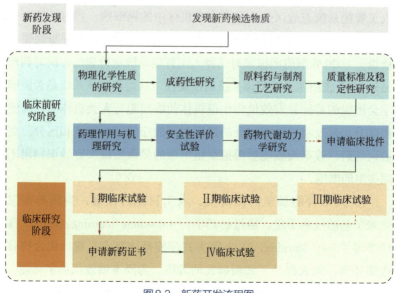

图 8.3 新药开发流程图

通过真实数据获取并找到最有可能成立的假设。有效的 AI 药物研发可以降低成本和缩短研发时间。

药明康德风险投资基金领投美国新一代人工智能公司 Insilico Medicine 新一轮战略投资，兰亭投资（淡马锡控股子公司）、BOLD Capital 和 Juvenescence 跟投。Insilico Medicine 总部位于马里兰州巴尔的摩市，专注于将深度学习等新一代人工智能技术应用于靶点识别、药物发现以及抗衰老研究。本轮战略投资建立在 Insilico Medicine 基于生成对抗网络（generative adversarial networks, GAN）和强化学习（reinforcement learning, RL）等人工智能技术开发的药物发现流程成功获得实验验证的基础上，旨在利用新一代人工智能技术加速新药研发。药企巨头与 AI 公司合作示例见表 8.1。

⑤ 人工智能药品配量和营养建议。为了制定剂量决策，医生主要依靠他们的临床经验、所用药物的知识以及药品制造商和 FDA 的纸质剂量建议。但是，这些建议通常是不准确的，因为它们来自可能不会准确反映个别患者对药物反应的临床研究。解决这一重要问题的最引人注目的方法是应用人工智能来实现精确计量。精确计量已被认为是最大化治疗安全性和疗效的关键方法，对患者和医疗保健提供者具有巨大的潜在益处，迄今为止，以人工智能为动力的解决方案已被证明是实现精确计量的最强大工具之一。大数据分析技术还将使人工智能和控制算法应用于复杂数据集更加实用和高效。我们可以利用数百万患者的数据进行计算机设计和测试算法，以预测效果并快速迭代。由 AI 驱动的剂量模型将可能成为整个医疗保健领域的标准治疗方法，可用于华法林、胰岛素和免疫抑制剂等多种药物。

David Zeevi 团队 2015 年 11 月在 *Cell* 发表论文，阐释了机器学习应用于营养学的积极作用。研究结果表明，机器学习算法给出了更精准的营养学建议，成功控制了餐后血糖水平，结果优于传统的专家建议。

表8.1 药企巨头与AI公司合作示例

| 药企巨头 | AI公司 | 时间 | 合作内容 |
|---|---|---|---|
| 默沙东 | Atomwise | 2015年 | 针对药物的有效性和安全性进行预测 |
| 强生 | BenevolentAI | 2016年 | 尚处于试验阶段的小分子化合物的药物挖掘 |
| 辉瑞 | IBM Watson | 2016年 | 利用Watson for Drug Discovery云平台,加速免疫肿瘤学中新药物研发 |
| 赛诺菲 | Exscientia | 2017年 | 开发针对代谢疾病的双特异性小分子药物 |
| 武田 | Numerate | 2017年 | 探寻肿瘤、胃肠和中枢神经系统疾病的小分子药物 |
| 葛兰素史克 | Exscientia | 2017年 | 针对10个疾病靶点开发创新小分子药物,并发现临床候选药物 |
| 罗氏旗下基因泰克 | GNS Healthcare | 2017年 | 贝叶斯概率推测肿瘤学中的疗法功效 |
| 阿斯利康 | BergHealth | 2017年 | 寻找帕金森症等神经疾病的生物靶标和药物 |
| 辉瑞 | 晶泰科技 | 2018年 | 融合量子物理与人工智能,建立小分子药物模拟算法平台 |
| 药明康德 | Insilico Medicine | 2018年 | 针对具有挑战性(如未知晶体结构或配体)的生物靶点,开发理想临床前药物候选分子 |

## 8.3　AI+医疗健康典型商业模式创新案例分析[1]

外骨骼机器人的研究最早可以追溯到二十世纪二三十年代,研发初衷主要出于军事和工程目的。到了二十一世纪,美国国防高级研究计划局(DARPA)在2000年启动了"增强人体体能外骨骼

---

[1] 此部分内容引自"蝴蝶派"于2021年4月3日发布的文章,文章作者为本书作者。

（EHPA）"计划，在加速了外骨骼机器人发展的同时，也引起了商界的关注。由于外骨骼机器人基于仿生学和人体工程学的设计使其拥有末端牵引式康复机器人无法比拟的治疗效果与用户体验，因此在医疗康复领域的应用被广泛看好，市场潜力巨大。

近年来，随着社会老龄化加剧及脑卒中、脊髓损伤、脑外伤等各种疾病造成的残障人口数量迅速增长，在65岁以上人口中，全球每年约有1500万人由于中风造成偏瘫。医疗技术的发展，让中风患者生存概率大大增加，但是中风偏瘫致残、失能导致生活无法自理以及并发症带来的身心摧残和治疗花销也成为日益凸显的问题，由此带来的康复需求也将不断增加，这种需求增加在中国尤其显著，中国2010—2019年60岁及65岁以上人口占比见图8.4。

从图8.4中可清晰看出，无论是数量还是增长率都在持续上升，人口老龄化在明显加剧，老龄化加剧势必带来更多老年病防治需求。国家脑防委2019年中国脑卒中防治报告显示：中国人群总体卒中终生发病风险为39.9%，居全球首位；中国40~74岁居民首次卒中标化发病率平均每年增长8.3%；年龄≥40岁居民卒中标化发病率由2012年的1.89%上升至2018年的2.32%，推算年龄≥40岁的居民卒中现患人数1318万，每年190余万人因卒中死亡。中国已成为卒中终生风险最高和疾病负担最重的国家。来自中国残疾人福利基金会2016年的数据：中国有8500万残疾人，其中脊髓损伤患者和脊柱裂患者约530万人。以上数据充分表明中国市场需求潜力巨大。

调查显示，目前中国每10万人口仅配有1.2名康复医师和1.1名治疗师，与发达国家每10万人口30至70相比，康复资源依旧落后。脑卒中是发病率、死亡率最高的疾病之一，发达国家残疾率约为30%，中国残疾率则高达75%，主要原因是患者缺少康复治疗环节。通过早期的康复训练和辅助治疗，可实现中枢神经系统功能的重新组合，使得90%患者重获行走和生活自理能力，30%患者重返工作岗位；若不介入康复治疗，上述两方面可恢复的患者仅为6%和5%。

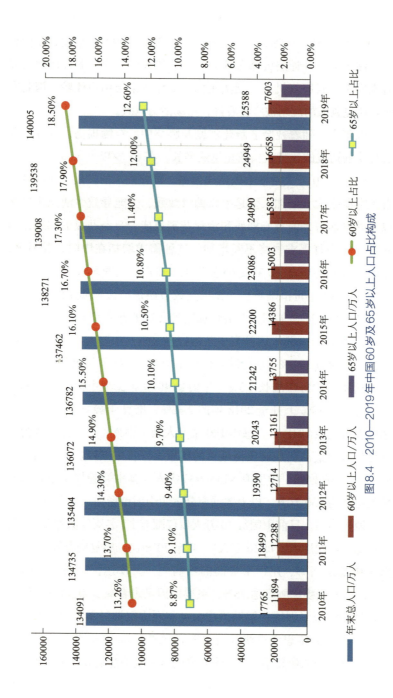

图8.4 2010—2019年中国60岁及65岁以上人口占比构成

因此，康复医学是帮助功能障碍人群回归社会的必要干预手段。

现有康复医疗资源非常紧缺，国内普遍采用的康复治疗方法存在人员消耗大、康复周期长、效果有限等问题。相对于传统的人工康复训练模式，康复机器人尤其是外骨骼机器人带动患者进行康复运动训练具有诸多优势：

① 外骨骼机器人康复更精准。外骨骼机器人更适合执行长时间简单重复的运动任务，能够保证康复训练的强度、效果与精度，具有良好的运动一致性。

② 外骨骼机器人康复更有针对性。通常外骨骼机器人具备可编程能力，可针对患者的损伤程度和康复程度，提供不同强度和模式的个性化训练，增强患者的主动参与意识。

③ 外骨骼机器人康复可全程数字化。外骨骼机器人集成了多种传感器，具有强大的信息处理能力，可以有效监测和记录康复过程中的人体运动学等数据，对患者的康复进度给予实时反馈，并可对患者的康复进展进行量化评价，为医生改进康复治疗方案提供依据。

④ 外骨骼机器人康复更人性化。穿戴外骨骼机器人后，大多数患者在康复师指导下可以在更广阔的空间尤其是室外主动活动，相对于封闭空间的被动机械化重复康复，外骨骼机器人康复会给予患者更多信心暗示和舒畅心情，增强本体感受，这更利于患者康复。

目前，全球知名的下肢外骨骼机器人公司有美国EksoBionics、日本的Cyberdyne、以色列的Rewalk等。近年来随着科技进步，尤其是人工智能技术的发展，外骨骼机器人的研发和商业化进程明显加快。中国更是涌现出了一批优秀的下肢外骨骼机器人公司，具体见表8.2。

目前，制约下肢外骨骼机器人发展的主要问题有三个——技术，医疗准入和效果，成本。在全球下肢外骨骼机器人企业中，能很好地解决上述三个问题的寥寥无几，成立于2017年1月的杭州程天科技发展有限公司有效地解决了上述问题，取得了可喜成绩。程天科技下肢外骨骼机器人辅助行走见图8.5。

表8.2　全球主要下肢外骨骼机器人企业及产品情况

| 序号 | 公司名称 | 所属国家 | 主要产品名称 | 产品图片 | 医疗资质 |
|---|---|---|---|---|---|
| 1 | EksoBionics | 美国 | EksoNR | | FDA，CE |
| 2 | Cyberdyne | 日本 | HAL | | FDA，CE |
| 3 | Rewalk | 以色列 | Rewalk | | FDA，CE |
| 4 | Rex Bionics | —（收购中） | REX | | FDA，CE |
| 5 | B-Temia | 加拿大 | Keeogo | | FDA，CE |
| 6 | 程天科技 | 中国杭州 | UGO | | NMPA（原CFDA）注册证 |
| 7 | 大艾机器人 | 中国北京 | AILEGS | | NMPA |
| 8 | 迈步机器人 | 中国深圳 | BEAR-H1 | | 审批中 |

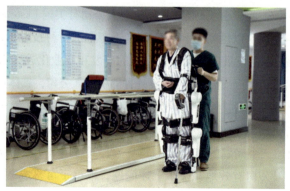

图8.5　下肢外骨骼机器人辅助行走

首先，是技术问题。外骨骼机器人是融合传感、控制、信息、移动计算等技术的可穿戴设备，技术上的复杂程度和难度可想而知。依据神经可塑性理论，神经功能重组的恢复训练应该强调患者的主观参与，因此意图检测十分重要。外骨骼机器人需要与人体接触，通过传感器收集人体意图，进行机械反馈，而如何准确获得人体的意图，也正是外骨骼机器人研发的难点。目前市场上有很多产品是通过操作手柄或者远程网络控制而非意图检测。程天的外骨骼机器人悠行（UGO）在协助患者行走的过程中可无需患者按键操控，全部动作由患者的行走意图触发，这实现了国内行业的技术领先。程天科技UGO210产品的主要核心技术功能见图8.6。

**仿生设计**

采用仿生学设计，舒适贴合人体，通过4套国际顶级伺服系统驱动，可轻松实现行走、上下楼梯、起立坐下等动作。

**步速&步态调节**

悠行外骨骼率先实现步态、步速动态调节技术，可随用户的意图动态调节行走姿态。

**意图检测**

整机集成50多个精密传感器，根据用户当前动作分析用户意图，准确判断并作出响应，无需用户主动控制。

**机器视觉**

配套基于深度学习的机器视觉可以准确判断环境状况，遇到障碍智能提醒、及时保护。

**机器学习**

采用高性能人工智能核心GPU作为控制核心，采用多种机器学习算法，对用户的使用习惯进行自主学习，提供协助与保护。

**云数据处理**

外骨骼云端实时保存用户产生的运行数据，并使用大数据技术进行计算分析，为用户群体提供了完整、专业的康复解决方案。

图8.6　程天科技UGO210产品的主要核心技术功能

程天科技非常重视人因工程的设计，为了能更好地适合人的穿戴，让不同身高、体重、年龄、病情的患者更安全、舒适地穿戴，仅对穿戴外骨骼机器人的绑带组件程天科技就做了上百次的优化，并申请了2项发明专利。程天科技UGO210产品的性能指标见图8.7。

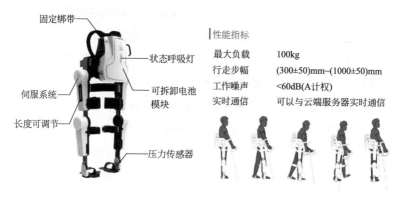

图8.7　程天科技UGO210产品的性能指标

其次，是医疗准入和效果。由于两足行走是非常复杂的，而把人放在机器里也有极大的安全风险，因此国内的医疗器械是需要通过NMPA批准才可上市销售的。2020年4月8日，程天科技核心外骨骼机器人产品UGO210，在浙江通过特别审查，获批NMPA注册证，成为中国首个获批的适用范围扩展为中枢神经病变（涵盖截瘫、偏瘫患者）的下肢外骨骼机器人。作为二类创新医疗器械的国人自主机器人品牌，正式跻身全球外骨骼技术领域第一梯队。

程天科技的UGO210经过大量的临床研究与试验，提供的个性化康复训练可以很好地促进神经系统的功能重建和代偿，有效地提升康复治疗效果。同时也降低了康复治疗师的体力消耗，优化了医护资源，并且可以提供一致、长期和个性化的治疗而不会疲劳。并且，程天科技不断与医学界权威人士交流探讨优化治疗方案，让治疗效果更有效和更有针对性。中华医学会第二十一次全国物理医学与康复学学术会议——程天外骨骼机器人新技术研讨会就邀请了多位业界权威的专家，共同分享外骨骼机器人临床病例与实践经验。在引入纳通医疗战略投资后，技术和医学的融合及治疗方案的优化更加快速，产品也将更加成熟。

最后，外骨骼机器人下肢康复市场仍然受到高成本的困扰，这阻碍了它们进入消费市场。据了解，大多数外骨骼机器人下肢康复产品价格都在五十万元以上，贵的可能超过百万，这对普通消费者来说很难承担，因此，目前主要是B端康复医院市场。我国的康复医院中民营的比例已达到58%以上，相对于公立医疗机构壁垒高、建设费用高等问题，民营医疗机构的采购周期短、更注重性价比，这将为国产外骨骼机器人提供市场机会。程天科技是T/ZZB 1923—2020《运动康复训练用外骨骼机器人》标准主要起草单位，核心零部件自主研发率高，可以更好地优化产品。同时，程天科技采取多种商业合作模式，适合不同的客户需求，促进了市场推广。

# 第 9 章

# AI + 养生养老

## 9.1 智能养老成为未来发展趋势

中国已进入老龄化社会,但养老资源供给相对于需求明显不足,且城乡不均衡明显。智能养老是解决该问题的有效途径之一。

人工智能通过与养老行业的深度融合,变革着传统的养老服务方式。养老服务也需要人工智能赋能,两者相互交融、相互促进,不断满足老年人多样化、个性化的养老需求,推动养老服务深层次的变革。

AI+养生养老促生了很多新兴养老业态,诸如智能穿戴、智能护理、智能健康管理、智能养老系统、养老机器人等。目前,智能养老系统在一些中高端养老机构中已经得到了一定程度的应用,随着智能科技和养生养老产业的深度融合,智能养老将成为大势所趋。智能养老体系见图9.1。

图9.1 智能养老体系

## 9.2　AI 提升养生养老产品和服务水平

2017 年，工信部、民政部、卫健委等三部委印发了《智慧健康养老产业发展行动计划（2017—2020 年）》，指出：我国正处于工业化、城镇化、人口老龄化快速发展阶段，生态环境和生活方式不断变化，健康、养老资源供给不足，信息技术应用水平较低，难以满足人民群众对健康、养老日益增长的需求；智慧健康养老利用物联网、云计算、大数据、智能硬件等新一代信息技术产品，能够实现个人、家庭、社区、机构与健康养老资源的有效对接和优化配置，推动健康养老服务智慧化升级，提升健康养老服务质量、效率和水平。

我们分析人工智能对养生养老产业的提升可以从三个维度来考量：智能养老产品、智能养老服务、智能养老系统。

智能养老产品主要分为健康监测类、监护类、养老机器人等三大类。

① 健康监测类。主要是以手环为代表的智能穿戴设备，可以监测血压、心率、血氧、睡眠等指标，有的还带有定位和晕倒报警功能。如图 9.2 所示是京东上一款通用型健康监测类智能手环。

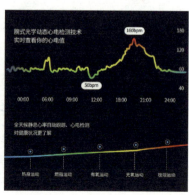

图9.2　穆奇健康智能手环

随着智能技术和医疗技术的融合,智能穿戴装备将更专业,瞄向特定的亚健康和患病人群。但目前面临的核心问题是技术突破,比如糖尿病,目前尽管存在这样的无创血糖检测智能手环,但精度和专业仪器相比还有一定偏差,价格也较高。目前市场上占主流地位的是综合型智能穿戴设备,主要以运动健康监测为主,如苹果、华为等都有相应的产品,但市场已经趋于饱和。据慢病中心的全国死因监测系统统计,60岁以上的老年人群的高血压患病率高达58.3%,糖尿病的患病率高达19.4%,75%以上的老年人都至少患有1种慢性病。针对老年人慢病管理的智能穿戴领域还是一个蓝海,拥有广阔的市场空间,将是未来的竞争热点之一。

② 监护类。据数据显示,2020年,我国60岁以上的老人数量达2.55亿人,并且还在不断增长。这些老人群体是以智能轮椅、智能床等为代表的智能监护类设备的主要目标市场。智能轮椅是在普通轮椅上融入了很多智能语音、智能制动、防滑坡、升降、智能爬楼、康复辅助等功能。随着融入的功能增加,价格也随之上升。主要发展方向为高性价比智能出行以及具有高端辅助康复功能。威之群M1035站立电动轮椅车见图9.3。

图9.3 威之群M1035站立电动轮椅车

智能养老床正在融入电动遥控、智能翻身、分区按摩、智能监测等功能。手机、平板电脑及遥控器都可以轻松进行遥控操作,各种模式任意切换,分区按摩可以提供最大舒适感,消除疲乏,使老人更快进入睡眠状态。智能检测可将老人的心跳、呼吸、体动、离床等信息反馈到监视器上,可以 24 小时实时监控,进行预警,这样就能保证及时发现老人的异常情况,及时将老人送往医院治疗,为老人的健康和安全提供保障。加护宝智能电动多功能护理床如图 9.4 所示。

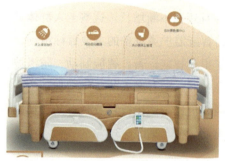

图 9.4　加护宝智能电动多功能护理床

③ 养老机器人。目前市场上的养老机器人主要有康复机器人、护理机器人、陪伴机器人三大类。

a. 康复机器人。属于医疗和养老交叉领域,不仅适用于患者康复训练,也适合老人康复和辅助出行,国内几十家康复机器人公司大部分都获得了资本投资,发展前景被看好。由于价格昂贵,目前主要用户还是医疗机构和高端养老机构。随着技术进步,成本降低,将会逐步进入 C 端市场。图 9.5 是一款康复机器人。

b. 护理机器人。能替代护工从事养老服务的智能养老机器人技术目前还不成熟,仅处于研发和试用阶段,且成本高昂。如日本的

**生活** 需要站起来面对

下肢失能、瘫痪，无法正常站立的人群，由于长时间坐卧引发一系列并发病症，如骨质疏松、心肺能力下降、褥疮等。长时间站立训练能有效地改善体质，调理心理状态。悠扶机器人可以帮助用户离开病床，在室内和社区实现自由移动进行场景切换，而让用户达到生活自理，提高生活质量，回归正常生活。

图9.5 程天科技悠扶机器人

Robear，比起此前研发的同类机器人重量更轻，只有 140 千克，能够完成照顾患者的一些工作，比如将患者从床上抬到轮椅上。这种高端护理机器人除了在养老领域有需求之外，更紧迫的需求其实是对传染病患者的护理。相比于人工，护理机器人具有不怕脏、不怕累、污染消毒便利等多种优势，将是养老机器人领域一个重要的发展方向。日本护理机器人 Robear 见图 9.6。

图9.6 日本护理机器人 Robear

c. 陪伴机器人。因少子女、子女异地居住、子女工作繁忙等多种因素，老年人与家人缺乏沟通，寂寞、孤独等情况时有发生，心理慰藉严重不足，这给老年陪伴机器人带来了市场机会。但目前专业的

第9章 AI+养生养老

老年陪伴机器人在市场上还不多见，很多企业的做法是将儿童早教产品与老年陪伴产品功能混在一起。有些智能陪伴机器人是融入到智能养老服务系统中的，如图9.7为蓝创科技的所依智能服务平台（见123页）。

智能养老服务以线上和线下结合为主，通过一个互联网系统来进行信息整合和传递，通过线下来实现具体的服务功能。

① 互联网+社区养老。广东珠海横琴新区富祥湾社区养老服务中心集日间照料、休闲娱乐、理疗保健等功能于一体。富祥湾社区养老服务中心设置有服务大厅、健康管理室、日托室、物理治疗室等多功能空间，为横琴新家园小区100多位60岁以上长者提供日间托管、生活照料、健康评估、营养膳食、慢病干预、就医陪同等3大类20项全方位服务。

② 机构智能养老。国内有代表性的机构亲和源配置了社区"数字化监控系统""无线报警系统""无线定位系统""园区一卡通系统"等智能养老系统。

紧急呼叫：亲和源在室内、公共活动区域装有固定式紧急呼叫按钮，还为每个会员配备移动式紧急呼叫装置（一卡通）。在社区内遇到紧急情况时，可按动呼叫按钮，服务人员将在第一时间赶赴现场。

智能监控：亲和源设有大型智能监控室，采用先进的立体定位系统，可以准确定位老人在社区公共空间的位置，并配有专人24小时值班，以应对可能出现的异常情况，为亲和源住户提供安全保障。

一卡通：智能的一卡通系统，集门禁、消费、缴费功能于一体。具有替代钥匙打开房门的功能；具有储值消费功能，在亲和源所有的消费（包括餐饮、物品购买付费，水、电、煤气、电话费等）都可通过一卡通实现缴费。亲和源智能养老设施见图9.8（124页）。

③ 智能家居养老。海尔U-home智慧养老从安全、健康、便利三个方面的需求点出发，为老年人配置了很多便捷功能。

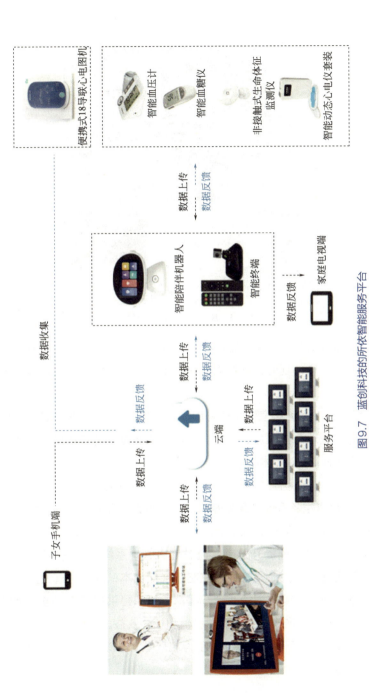

图9.7 蓝创科技的所依智能服务平台

图9.8 亲和源智能养老设施

智能起夜功能。晚上起来不用摸黑找开关,起夜自动感应照明,自动调整亮度,延时自动熄灭,解决了老人晚上摸黑引起的磕绊等困扰。

海尔 U-home 居家生理检测套装,可以让老人足不出户,在家中也能够方便地测量血压、血氧、心电、体温等常规身体参数,数据可上传至云端并建立档案。

海尔 U-home 智慧养老为老人提供了一些便利的智能养老服务。

④ 智能养老系统。智能养老系统有综合性和专业性的。综合性智能养老系统有运营管理、智慧养老两大功能。对内通过建立智慧养老运营管理系统提升效率,通过健康管理系统,实现精准医疗,使用智能终端监护,及时加强控制,降低成本;对外通过大数据避免信息孤岛,利用数据资产进行辅助决策和提供精准化服务,可以汇集数据资产,产生更大的商业价值和社会效益。

综合性养老平台如图 9.9 所示为北京华卫迪特健康科技有限公司的医家通管理平台。

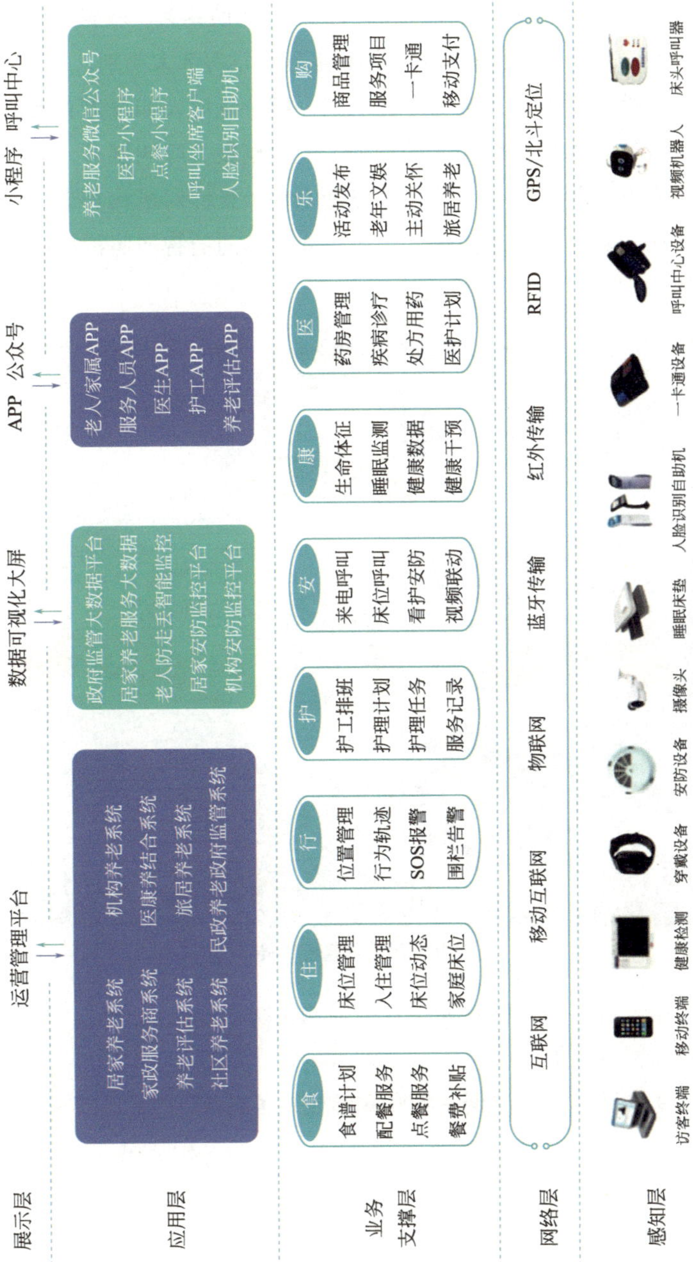

图9.9 医家通全场景智慧养老云平台

"医家通"涵盖居家养老、机构养老、连锁养老、旅居养老、医养结合、养老评估、民政监管及淘乐老年大学等8大类别。

专业性智能养老系统更专注于某一细分领域，如麦麦养老的智能照护，该智能照护分为照护计划、健康档案、呼叫服务、主动预警、子女互动等五个主要模块，见图9.10，且针对机构养老、社区养老、居家养老三种不同养老方式建立了不同的智能照护解决方案和系统。

图9.10　麦麦养老智能照护

总体来看，综合性养老平台更强调系统性和功能齐全，专业性平台更强调专业化。

图9.11为利用互联网+物联网形成的居家智慧照护系统。

图9.11 澜光智能居家智慧照护系统

## 9.3 AI+养生养老商业模式创新案例分析

目前，智能养老还处在互联网+养老+物联网起步阶段，从规模和智能化应用情况来看，泰康人寿的智能养老模式发展比较快。泰康人寿采用了金融+保险+养老+医疗模式，采取会员制，会员可以根据规定在全国布局的泰康之家进行候鸟式养老，级别不同享受的待遇不同，在商业运营中采用O2O模式，线上和线下结合紧密，利用养老云平台增加了便利性，更易于管理，养老产业建设则采取CRCC模式，提供综合性照料服务。

泰康养老目前是以养老社区的运营为依托，通过养老地产可实现不动产投资和增值，养老会员制可促进保险业务的销售。而泰康养老云平台作为智能化养老平台能提升其服务效率和品牌价值。

泰康养老云平台通过云计算架构，集IaaS（基础设施即服务）、PaaS（平台即服务）、SaaS（软件即服务）于一体，以老年电子健康档案为核心，涵盖居住管理、评估管理、合同管理、照护管理、康复系统、费用管理、订单管理、志愿者系统等应用和支撑服务功能。泰康养老云平台见图9.12。

图9.12　泰康养老云平台

泰康云网页端见图9.13。

图9.13　泰康云网页端

泰康云移动端见图 9.14。

图9.14　泰康云移动端

泰康云微信端见图 9.15。

图9.15　泰康云微信端

泰康之家有远程会诊功能，还能让老人与子女在线沟通——只需打开终端，老人就能和远方的子女进行实时视频对话；另一个重要的智慧设备就是洗手间门口的感应器，可以了解早上老人是否起床、去卫生间。如果没有，管家会联系居民访视，以防风险发生。

泰康与百度2019年合作建立了联合创新实验室，已经孵化出人脸识别平台、OCR（光学字符识别）平台、医疗影像的识别平台等人工智能平台，并应用到保险和养老服务中。

泰康将互联网、人工智能等技术运用到产业中，形成了智能养老专家管理系统，与线下养老社区及产品和服务结合，起到了系统管理、提高效率、降低成本、规避风险的作用。

# 第 10 章

# AI + 文化旅游

## 10.1　智慧旅游带来变革和新增长机会

智慧旅游是运用新一代信息网络技术和装备,充分、准确、及时地感知和使用各类旅游信息,从而实现旅游服务、旅游管理、旅游营销、旅游体验的智能化(《关于促进智慧旅游发展的指导意见》)。图10.1为梦旅程智慧旅游系统,以大数据管理中心为核心,覆盖智慧服务、智慧营销、智慧管理三大模块。

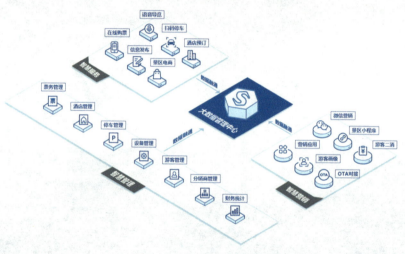

图10.1　梦旅程智慧旅游系统

智能旅游中应用了很多智能化技术,如:智能语音、智能检索、人脸识别、智能旅游专家系统、VR/AR、定位系统、无人游览车、导航机器人等。

智能技术在旅游产业中应用,从游客方来看,带来了诸如方便、快捷、自由、优质等更好的旅游体验;从景区维度来说实现了资源优化配置、管理和服务体系智能化。在推动传统旅游行业变革的同时,也产生了许多新的商业机会,诞生了许多新产品、新服务和新业态。

## 10.2 旅游智能化加速了关联产业融合发展

互联网和智能科技加速了旅游和关联产业融合发展。

① 智能旅游出行。随着互联网和智能科技的应用,个性化旅游需求成为市场主流,自由行、自驾游、定制游等也逐步从小众需求变成大众需求。针对旅游需求的个性化、差异化、定制化,也涌现出了许多智能旅行出行公司。妙计旅行(图10.2)就是利用大数据和人工智能技术服务旅行的企业。

图10.2 妙计旅行解决方案

妙计平台涵盖了行程定制的智能工具和多套移动沟通工具。依靠其拥有的海量旅行产品数据,基于强大的人工智能技术,帮助旅行企业实现简单高效的行程定制。

② 目的地智慧旅游。利用地理信息定位技术,整合周边商家资源,加深商业在旅游中的渗透,加快了旅游产业向供应端的发展,通过线上流量,为商家提供大量优质客源,降低获客成本,催生了旅游新业态,使目的地智慧旅游成为新增长点。

黄山智慧旅游有限公司就是一家专注于旅游目的地智慧旅游建设的企业。利用互联网+、大数据、人工智能等现代信息技术搭建智慧旅游平台和发展线下旅游体验中心和服务网点,打造集吃、住、行、游、购、娱于一体的线上线下综合旅游产品服务体系,为游客提供高质适用的旅游产品和便捷智能的旅游服务。

一级产品：黄山风景区门票、索道票、山上酒店、公司旗下景区酒店以及组合产品。

二级产品：黄山市及周边旅游产品。主要包括黄山市及周边各景区门票、酒店、餐饮及组合线路产品等。

三级产品：黄山市及周边租车、包车、雇用导游等产品。

四级产品：黄山市及周边有地方特色的纪念商品和公司文创商品。

③ 智慧旅游金融。中国工商银行按照游前、游中和游后为政府、供应链企业、消费者客户提供相应的金融产品支持，包括支付、结算、信贷、理财等金融业务服务，满足旅游产业链相关方全方位的金融需求。工商银行智慧旅游架构见图10.3（135页）。

工商银行通过智慧旅游生态建设，与相关方建立共赢共享的旅游生态圈，为政府、企业、个人赋能，同时延伸银行金融服务，创新金融服务方式。

④ 智慧旅游医疗。医疗旅游融入智能技术后，能让二者结合得更加紧密，产生更好的协同效应。海南自由贸易港博鳌乐城国际医疗旅游先行区管理局推出了"智慧乐城三件套"：乐城全健康小程序、永不落幕国际创新药械线上展、特许药械追溯管理平台，致力于打造智慧医疗旅游先行区。乐城全健康小程序见图10.4（136页）。

永不落幕国际创新药械线上展（图10.5见136页）依托先进技术手段打通线下实体展馆与线上数字展馆的渠道，2D展馆、VR3D展馆打破时间、空间限制，无需来到现场即可在云端360度观看每一个线下展商展位，让更多人能够随时随地漫游参观，为药械厂商提供更广阔的展示平台。

⑤ 智慧旅游城镇化。华侨城深圳甘坑是智慧旅游+城镇化的一个代表。华侨城和龙岗区政府正式签约，总投资500亿元创建"甘坑新镇"，项目占地约12平方公里，是龙岗区与华侨城集团合作的第一个新型城镇化项目。

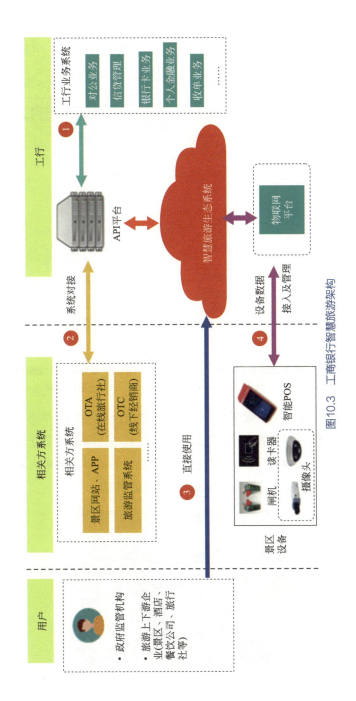

图10.3 工商银行智慧旅游架构

图10.4　乐城全健康小程序　　图10.5　永不落幕国际创新药械线上展小程序

甘坑客家小镇的火车站内，建有总建筑面积约2000平方米的V谷乐园，作为中国第一个原创主题VR乐园，V谷乐园有别于其他依附于商业综合体的VR体验店模式，有更强的故事性和更突出的一体化沉浸式体验。甘坑客家小镇VR旅游见图10.6。

图10.6　甘坑客家小镇VR旅游

甘坑客家小镇将 VR 技术融入到了小凉帽 IP 中，打造飞行影院等游乐场所，在甘坑客家小镇的浓重历史文化氛围中增加了现代科技感，有利于吸引儿童客户群。飞行影院取材自华侨城文化集团独家创作的 VR 电影《白鹭归来》（图 10.7），此电影曾荣获威尼斯电影节两项金狮奖。在飞行影院中，戴上 VR 眼镜，你会看到小凉帽姐妹带着宠物"铛铛狗"开启了飞行之旅。

图10.7　甘坑客家小镇飞行影院VR电影《白鹭归来》

华侨城文化集团研发的"花兮智能健康检测机器人"（图 10.8）是甘坑小镇的"健康管家"。把手放在机器感应区上，等候 1 分钟左右的时间，精准的全身健康数据报告就实时生成，关注微信号便可发送到手机上。

⑥ AR+ 旅游。视辰信息科技（上海）有限公司结合宋城的 IP 形象，为宋城打造了 AR 导览平台，游客在景区通过宋城 AR 导览平台能获

得 AR 虚拟导游的专属指引、介绍服务，提升了游客在景区的游览体验，进一步提升了宋城的服务水平。AR 宋城导览平台见图 10.9。

图10.8　花兮智能健康检测机器人

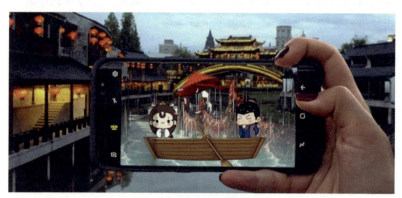

图10.9　宋城AR 导览平台

⑦ 景区智脑。京东智能城市基于"智能城市操作系统"，利用物联网、大数据、人工智能、数字孪生等技术，为园博园打造了一套"园博超脑"系统（图10.10）。据悉，该系统支撑景区管理、游客服务、营销运营三大业务板块。该系统已将票务、客流统计、停车场、观光车、巡检、广播等多个子系统全打通，基本实现了对景

区运行情况的全天候感知和把控。"园博超脑"还采用前沿的数字孪生技术，让景区内的建筑、设施、地形地貌、环境效果成为数字世界的虚拟映像，构建了一座数字世界里的"孪生"园博园，可以在大屏上对景区设备直接控制，实现了"感知—控制—反馈"的闭环模式。同时也建立了智能入园、智能快递车、无人餐厅、无人商店、无人酒店等有特色的"无接触服务"体系。

图10.10　园博超脑

⑧ AR 导航。商汤科技基于 SenseMARS 火星混合现实平台，携手航旅纵横，共同打造长沙黄花机场高精度 AR 导航服务。旅客到达机场时，用手机打开航旅纵横 APP "机场 AR"特色服务，扫描机场环境，即可获得便利的路径指引服务，跟随实时 AR 虚拟地标和指示牌前往目的地。目前，该 AR 导航服务试点，已覆盖黄花机场 4 个值机柜台、2 个安检口和 T2 航站楼 22 个登机口，下一步还计划新增 T1 航站楼 12 个登机口和 4 个行李转盘，总覆盖面积达到 20 万平方米。更小的室内导航误差，更统一的终端端口，有效解决了 C 端商旅客"一进机场就蒙圈"的问题，进一步提升了航旅纵横 APP 的用户黏性。同时，自助式的交互方式，也很大程度上节省了机场的人力和运营成本。长沙黄花机场高精度 AR 导航服务见图 10.11。

AR 导航也可以用在旅游景区导航上，游客可以在限定区域内更精准地到达想要到达的细分景点，同时可以选择不同路径，提升游客满意度。

图10.11 长沙黄花机场高精度AR导航服务

## 10.3 AI+文化旅游典型商业模式创新案例分析

伴随着3D技术、人工智能、虚拟和增强现实等技术的进步,在主题公园中融入科技元素以提升游园体验,对于游客们来说已经成为越来越迫切的需求。在主题公园的运营中融入先进的虚拟现实、人工智能等新技术,能为游客打造兼备视觉、听觉、触觉等多种体感的超刺激沉浸式游戏体验。人工智能技术还能提供人流预警和调控、智慧停车等一系列便捷化服务,这能大幅提升游客感官体验。迪士尼在人工智能、AR、VR上的应用走在了行业前列。

Avatar Flight of Passage 阿凡达飞行通道:飞行体验 Flight of Passage 将电影场景潘多拉星球和主题公园联系了起来。飞行体验的独特之处,不仅在于利用了影片中"阿凡达"的概念,更在于让观众有了在潘多拉星球翱翔的真实沉浸式快感。飞行体验项目的排队区和预演区就带入了电影场景,在真实场所还原,给游客很好的感官体验。

16位游客为一组在一个预演区房间内,分别站在1～16不同的号码上,进行人类与阿凡达的配对连接,由视频播放中的年轻的研究者史蒂文斯博士讲解连接过程。约4分钟时间。

由视频播放游客须知,奥格登博士(女,PCI的科学家及斑溪兽研究者,重启阿凡达计划并发明座椅连接系统)在视频中讲解注意事项。同时,阿凡达飞行通道的座椅能在上下、前后、左右共六种方位流畅地摆动。

游客通过VR技术体验骑在斑溪兽(Banshee)背上飞行,相当刺激,夹着大腿的座椅,还能顺着斑溪兽的呼吸,感受到自然顺畅的开阔。当俯冲进森林,会闻到一股清新的桧木香;当飞跃过海洋,咸味仿佛沾上了舌尖。

迪士尼Flight of Passage项目非常受欢迎,且很多游客愿意多次体验,口碑和业绩双丰收。可以看出,智能+IP+主题公园已经成为一个重要的发展模式方向,随着5G技术的发展和布局,未来更多的智能科技将融入文化旅游当中,产生共鸣,进而产生1+1大于2的协同效应。

# 第 11 章

# AI + 电子商务

## 11.1　AI 使电子商务更精准、更高效、更智能

人工智能在销售预测、搜索引擎、搜索推荐、物流智能化等诸多方面对电子商务起到了不可估量的作用，使电子商务变得更精准、更高效、更智能。

① 利用人工智能进行销售预测。利用人工智能来进行销售能改善企业供应链。人工智能算法用来分析购物行为，以提供准确的销售量预测，分析商家产品是如何销售的。这使得商家能更好地平衡供需。通过购物数据分析还可以细分购物者画像。通过分析购物者的显著特征，可以更好地预测销售趋势，还可以制定更有效的营销策略。图 11.1 观远产品矩阵展示了由数据采集到数据应用的全过程。随着技术进步和应用深入，人工智能算法销售预测在电子商务中的应用已经从 BI（敏捷分析）发展到了 AI（人工智能）阶段。如图 11.2 从敏捷分析（BI）到智能决策（AI）所示。

② 搜索引擎、推荐引擎广泛应用于电商平台购物，且这两类引擎都已深度融入了人工智能技术，使购物更加精准和高效。

a. 搜索引擎。随着消费者对于商品精准化的需求不断提升，消费者更希望通过图片或者照相搜索找到他们想要的商品。通过计算机视觉与深度学习，现有技术已经可以帮消费者快速找到所需商品。通过图片搜索或者拍照搜索，搜索引擎可以根据图片中产品的款式、颜色、品牌等特征，为消费者找到同款或相似类型的产品销售界面。图形搜索的应用，建立了商品从线下到线上的联系，极大地缩短了消费者搜索商品的时间，降低了用户的时间成本，提高了消费者的用户体验度。

谷歌利用搜索引流，进行了两项重大更改，删除了"查看图片"

图11.1 观远产品矩阵

图11.2 从敏捷分析（BI）到智能决策（AI）

选项，并将其替换为"访问网站"，使用结构化标记来实现产品图像和产品属性展示，这就可以在搜索结果中显示产品价格、库存状况和评论评分。

各大电商平台先后推出拍照购物的功能，淘宝、京东、ebay、搜狗、蘑菇街、魅族等都推出了相应的图片搜索购物功能，让消费者能够轻而易举地找到想要购买的商品，一方面提升了用户体验，另一方面也能够提高购买的转化率。图像识别+智能化场景的购物模式已经成为了电商平台的新竞争领域。图11.3 京东照相搜索过程图展示了搜索购物的简单过程。

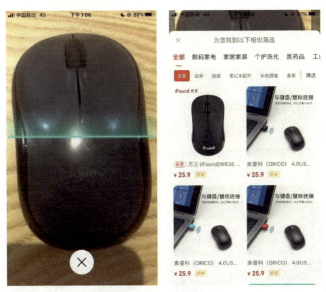

图11.3　京东照相搜索过程图

b. 推荐引擎。电子商务中推荐引擎的应用已经很常见，推荐引擎是建立在算法框架基础上的一套完整的推荐系统。通过利用深度学习算法，在海量数据集的基础上分析消费者日常搜索、浏览与购买行为，并分析、预测哪些产品可能会引起消费者的购买欲望，将得到的合理购买建议推送到消费者个人页面，帮助消费者快速找到所需要的产品，从而为消费者提供个性化推荐与服务。这改变了电商营销模式，由人找商品变为商品找人，使得营销活动更加主动。图 11.4 展示了火山引擎的新零售解决方案。

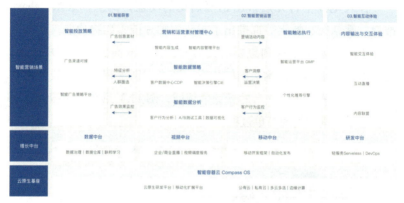

图11.4 新零售解决方案

③ VR 购物。使用 VR 技术，可生成交互式的三维购物环境。简单地说，戴上一副连接传感系统的"眼镜"，就能"看到"3D 真实场景中的商铺和商品，从而进行选购。VR 购物的百货商场超市应用见图 11.5。

图11.5　VR购物的百货商场超市应用

VR 购物目前还面临着一系列问题，如高数量、高精度商品模型制作，动作捕捉技术，长时间佩戴 VR 带来的视力影响等，但随着 5G 乃至于 6G 及视觉技术的进步，VR 购物必将成为一种新的购物模式。

④ 当前，最流行的电子商务销售模式是网络直播和社区拼团，在这两种销售模式中，人工智能也有大量应用。

a. 网络直播中人工智能的应用。人脸识别目前来看是在直播平台上应用最为成熟广泛的。各类视频特效、动态贴纸素材大多是基于人脸识别技术实现的。花椒推出的变脸功能采用人工智能中的深度学习技术，通过对面部 95 个关键特征点的精准检测和定位，实现瘦脸、大眼等美颜功能。

b. 社区拼团中人工智能的应用。社区拼团电商是去中心化的电商。可以激发消费者低价消费的积极性，让消费者自发传播。它是一种快速的裂变营销，可以帮助商家在很短的时间内，积累出庞大的精准客户群。通过它商家可在后台自行设置活动商品、折扣价格、活动时效、成团人数及限购信息，从而在约定时间内以成团人数为条件用优惠价格出售商品。社区拼团中同样需要以大数据和 AI 为核心要素的系统平台，以提升操作便捷性和消费体验。图 11.6 展示了小程序社区＋社交团购的全新生态模式。

图 11.6　小程序社区＋社交团购的全新生态模式

## 11.2 智能机器人在电子商务领域的应用

智能客服机器人融合了机器学习、大数据、智能语音等多方面的人工智能技术，能够自动回复顾客咨询的问题，对顾客发送的文本、图片、语音进行识别和响应。智能客服机器人可以有效减少人工成本、提升服务效率、优化用户体验，尤其是可以替代人工客服回复重复性问题。

乐言科技研发的"乐语助人"AI智能客服机器人是一款面向天猫、淘宝等电商的智能客服机器人。具备高精准的语言、语义理解能力，能够进行咨询接待、业务处理、智能推荐、客情维系等工作。图 11.7 展示了乐言科技智能客服机器人的四重保障。

| 语言认知 | | | 深度问答 | | |
| --- | --- | --- | --- | --- | --- |
| 领域意图识别 | 实体识别链接 | 关系槽位填充 | 问句理解 | 候选答案生成 | 答案融合排序 |
| 对话聊天 | | | 智能推荐 | | |
| 回复术语生成 | 对话策略学习 | 对话状态管理 | 协同过滤 | 基于内容推荐 | 用户群体画像 |

图11.7 乐言科技智能客服机器人的四重保障

直播在电商营销中的比重越来越高，因此，出现了专门针对直播电商的智能客服。图 11.8 是深圳一家公司针对抖音电商直播开发的一款智能客服，用来提升回复率和成单率。

机器人流程自动化（Robotic Process Automation）简称 RPA，近年来在电子商务上的应用十分广泛，是链接前台与后端的枢纽。RPA 可以提高运营效率，节省时间并释放员工的能力；同时增强准确性，可全程跟踪和控制业务流程的执行；24 小时在线能够快速响应业务需求。图 11.9 展示了 RPA 在电子商务中的应用。

图11.8 V5智能客服抖音版

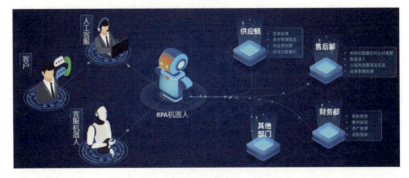

图11.9 客服数据化解决方案

据该网站平台显示,弘玑(Cyclone)机器人可以模拟人的思维实现智能交流,做到7×24小时在线服务,可以对接来自多渠道(APP、微信、邮件、企业网站等)的咨询,做到客户问题及时响应

第11章 AI+电子商务　149

与处理，提高工作效率。通过 NLP 技术提升语言处理能力，准确理解客户意图，做到信息跨系统录入，工单信息流程高效流转。

可以看出，智能机器人在电商领域的应用正从简单客服机器人发展到"客服 +RPA"智能客服阶段。

# 第12章

# AI + 互联网社交

## 12.1　互联网社交在 AI 加持下的巨大影响力

　　社交是基于社会背景下的人与人的交往，在互联网和人工智能加持下，现代社会的社交正变得缤纷多彩，尤其是在新冠疫情影响下，人们正通过更多社交软件进行线上交流、远程办公和商务合作，互联网社交变得愈发重要。

　　目前互联网社交软件按照入口不同，可以分为以微信、QQ 为代表的熟人社交，以抖音、快手为代表的短视频内容社交，以 Soul、探探为代表的兴趣社交，乃至游戏社交、直播社交、问答社交等。无论哪类社交，都在不断融入人工智能技术，以提升应用效果。

　　在中国拥有最大受众群体的互联网社交软件微信，2021 年，每天打开微信的用户数量已经超过了 10 亿。微信中的微信智言与微信智聆是智能语音技术在微信中的典型应用，实现了语音和文字之间的转化，而在此基础上推出的"微信对话开放平台"（图 12.1），则可以创建机器人，能够支持使用文字甚至语音进行 AI 对话。

图12.1　微信对话开放平台
注：图中"帐"应为"账"。

如图 12.2 所示，Soul 是基于兴趣图谱和游戏化玩法的虚拟社交网络。通过收集用户在进行各种性格爱好测试时提交的数据实现智能匹配。随后还可以自行添加引力签，并主动按照兴趣进行匹配。这种智能匹配社交正是基于大数据的模型计算结果。

图12.2　基于兴趣图谱和游戏化玩法的Soul

抖音在内容分发上依托人工智能技术，采用智能算法推荐，精准地将内容推送给合适的受众。流量分配是去中心化的，这种去中心化算法通过点赞、评论、转发、点击率、完播率等进行综合评估，决定后面的推荐力度。同时也融入了很多计算机视觉识别技术，比如尬舞机（图 12.3）、贴纸（图 12.4）、妆容术、换头换脸等，增加了内容厚度和精彩性。

小红书作为社交生活分享平台，在推荐、搜索和内容理解三个主要场景上，都大量应用了人工智能技术。

在笔记推荐方面，小红书根据用户的兴趣标签，进行千人千面的个性化推荐。

图12.3 抖音尬舞机

图12.4 抖音猫脸贴纸

在搜索方面,每天访问小红书的用户中有 60% 会在平台上进行信息搜索。与其他搜索引擎的知识性搜索不同,用户在小红书上寻找的是生活场景的解决方案,并没有统一的知识性的搜索结果,必须通过人工智能对内容的理解和分发来解决。

在内容理解方面，小红书有着海量的图片、文字和视频，都需要人工智能做出细颗粒度的拆解，来服务于推荐和搜索。同时，小红书在内容安全审核上也采取了技术加人工的审核手段。人工智能助力小红书功能实现见图 12.5。

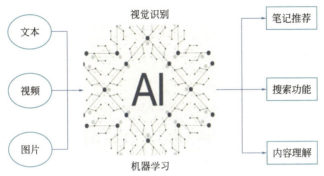

图12.5　人工智能助力小红书功能实现

## 12.2　AI+ 互联网社交的商业化创新与发展

人工智能赋能互联网社交电商，主要有精准投放广告、社群电商管理、智能物流等几个方面。

① AI 赋能互联网社交广告。我们首先以微信广告为例。微信广告是基于微信生态体系，整合朋友圈、公众号、小程序等多重资源，结合用户社交、阅读和生活场景，利用专业数据算法打造的社交营销推广平台。

同传统广告相比，微信支持按照年龄、性别、地域、手机系统、兴趣标签等属性进行定向投放。图 12.6 的朋友圈广告就是基于地理位置定向，将门店的地址、介绍、活动等信息推广给周边可能到店的人群，增强所在地区人群对商户品牌的认知，吸引周边用户到店消费。

门店标识

- 门店标识位于广告外层的文字链下方,点击可跳转查看门店详情页。
- 门店详情页主要用来详细介绍门店信息,并可以拉起地图导航、一键拨号等功能,进一步向感兴趣的用户介绍门店并引导到店。
- 支持所有推广目标(广告主须有线下门店)。

图12.6　微信朋友圈广告

可以看出,微信基于庞大用户体量和信息收集功能,利用特定算法,能够实现基于用户标签和消费场景的精准广告动态投放,能更好地诠释广告信息,更好地找到有消费意向和消费需求的目标客户,从而提高点击率,进而促进客户、广告商之间需求和供给的一致性,达成客户获取和消费,效果比同等流量的传统广告要更明显,且该形式越来越受欢迎。

我们再以抖音为例,抖音通过计算视觉识别会对画面中的细节进行放大。以汽车商品举例,抖音在有效识别汽车场景等的同时,对画面中细粒元素进行识别,比如汽车的品牌、车型、车牌、车轮大小和位置等,建立产品标签。同时明确广告受众的基础信息(年龄、性别等)、主体兴趣(视频兴趣、互动行为)等,建立用户标签,再通过算法实现精准匹配和高效触达。抖音利用 AI 实现汽车广告精准投放见图 12.7。

② 社交电商中机器人的应用。在社群电商中除了利用人工和系统进行管理外,还可以在每个社群配置社群助手机器人,机器人可以自动推送商品、新闻、活动等信息,活跃社群气氛,协助解答有关商品销售、分销的咨询,降低人工成本。图12.8为有机云社交的电商机器人示意图。

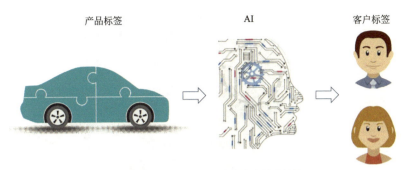

图12.7 抖音利用AI实现汽车广告精准投放

图12.8 有机云社交的电商机器人示意图

③ 智能物流管理助力社交电商。社交电商中也已开始应用智能物流管理为其提供服务支撑，比如浙江心怡与大V电商合作。这家公司利用"大数据"和"互联网+"技术创新智慧物流模式，采用企业自主研发并拥有知识产权的 WCS、OMS、WMS、TMS 等系统，并拥有无人仓储技术。智能物流系统能够提高物流效率、透明度和降低成本。心怡科技无人仓储见图 12.9。

第12章 AI+互联网社交　157

图12.9 心怡科技无人仓储

## 12.3 AI+ 社交典型商业模式创新案例分析

今日头条（图12.10）是一个通用信息平台，致力于连接人与信息，让优质丰富的信息得到高效精准的分发，帮助用户看见更大的世界。

图12.10 今日头条手机版截图

今日头条目前拥有推荐引擎、搜索引擎、关注订阅和内容运营等多种分发方式，囊括图文、视频、问答、微头条、专栏、小说、直播、音频和小程序等多种体裁，并涵盖科技、体育、健康、美食、教育、"三农"、国风等超过 100 个内容领域。

下面我们来分析一下今日头条的商业模式，如图 12.11 所示。

可以看出，今日头条利用人工智能技术将用户需要的内容精准分发过去，形成高度匹配，同时在流量用户的基础上利用广告、电商、知识付费等进行变现。

人工智能技术正是支撑今日头条实现商业模式的关键，下面我们分析一下今日头条中人工智能技术的应用。今日头条应用了协同过滤模型、监督学习算法 Logistic Regression 模型、基于深度学习的

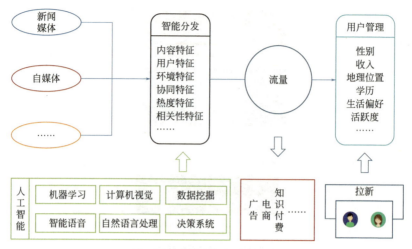

图12.11 今日头条商业模式简析

Factorization Machine，以及 DNN 和 GBDT 等算法。很难有一套通用的架构模型适用于所有的推荐场景，所以会做多个算法的组合。我们以协同过滤算法通俗举例。

协同过滤（Collaborative Filtering，简称 CF）（图 12.12）是目前用得比较多、比较成熟的推荐算法。可以找出用户最可能喜欢的东西推荐给用户，基本思想是根据用户之前的喜好以及其他兴趣相近的用户的选择来给用户推荐物品。

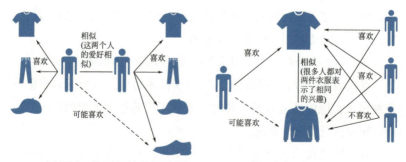

图12.12 人以群分和物以类聚的协同过滤

总之，今日头条用智能推荐算法给每个用户搬运个性化内容。而核心盈利部分就是广告，因为它有流量。同理，抖音等内容类平台都是通过流量来进行变现的，变现方式主要有广告、电商、流量推广收费、知识付费等，而之所以能够实现变现，其核心是人工智能技术。

目前，人工智能除了智能推荐外，已经可以自动创作内容，并具有可读性，智能算法还可以自动给出封面建议，以减少视频上传者的选择成本。

人工智能对互联网社交赋能是全方位的，既有入口大数据匹配，也有视觉识别技术对内容增彩，还有智能语音技术对聊天支撑，更有利用智能推荐算法对社交内容推荐。这些技术应用吸引了更多用户和增强了体验性，并以用户流量为基础衍生出了一系列商业应用。

## 12.4 智能科技让自动售卖货柜更智能和高效

智能货柜作为线上线下融合的代表，由于集中配送补货，节约了物流配送成本，并且多是高频次、高流量的场景，更因为融入了视觉识别技术，提升了体验感和保证了货物安全，成为O2O领域的发展热点。

码隆科技（Malong Technologies）的智能货柜解决方案，能够以AI商品识别技术完成对传统货柜的智能化改造，实现"即拿即走，自动结算"的智能购物流程，并以更低的成本为消费者提供更优质的体验。图12.13展示了码隆科技智能货柜的工作流程。图12.14展示了码隆科技智能货柜的应用场景。图12.15展示了码隆科技的核心组件。通过这三张图可以清晰地了解智能货柜的解决方案。

图12.13 码隆科技智能货柜工作流程

图12.14 码隆科技智能货柜应用场景

高性能　　　嵌入式　　　RetailAI®商品　零售商户　　　自动
专用摄像头　计算平台　　识别云平台　　运营系统　　　上新APP

图12.15 码隆科技核心组件

## 12.5　AI+电商商业模式创新案例分析

仓储是电子商务领域中的一个重要环节，如何提升仓储效率，降低成本，提高仓储准确性一直是业界所面临的一个重要课题。随着人工智能技术的发展和不断融入到仓储业务中，仓储行业发生了显著变革，诞生了新的商业模式。

深圳市鲸仓科技有限公司就是一家利用人工智能技术创新仓储业务的代表，很好地将智能技术与共享经济进行了融合，创新了商业模式。

数字化仓储管理系统：采用系统化的物料编码来完成所有入库物品的编码化管理，借助WMS移动端的扫码功能来完成出入库及库内管理的数据采集，提高了准确性和实时性。

数据可视化：搭建了从仓储、分拣、配送、管理到考核的全链路智能仓储解决方案，通过可视化模型帮助客户直观了解智能仓储解决方案所能带来的工作效率的提升。

PPS系统（图12.16）：是一个由多种机器人协同工作的智能仓储系统，适用于线上和线下的零售仓库的拆零拣选业务，最大的特点是支持AI机械臂拣货和自动包装，提升了仓储空间的利用效率。

图12.16　PPS标准仓作业

图 12.17 展示了 PPS 标准仓作业效果，鲸仓科技用更先进的智能技术降低了物流成本，使商品存储与流通更高效，正是智能技术的应用带来了商业模式的变革。随着原有技术的不断提升和新技术的不断涌现，未来将诞生出更多新型的商业模式。由此，智能技术的应用带来了物流仓储领域的商业模式变革。

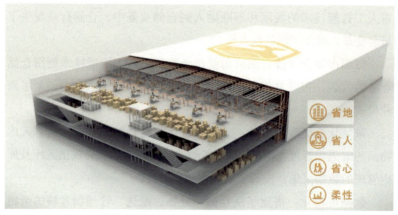

图12.17　PPS标准仓作业效果

# 第 13 章

# AI + 公共事务

## 13.1 智慧城市和数字乡村成为发展方向和趋势

早在 2012 年,中华人民共和国住房和城乡建设部就出台了《住房城乡建设部办公厅关于开展国家智慧城市试点工作的通知》。2015 年,智慧城市首次写入政府工作报告,经过近 10 年的发展,得益于人工智能、大数据、5G 技术、数字孪生等的崛起,我国已经成为全球新型智慧城市建设最为积极的国家之一,智慧城市也由最初的探索阶段发展到运营和应用阶段,很多城市拥有专门机构负责智慧城市运营,并不断融入新技术、新模式以创新。智慧城市涉及的相关领域见图 13.1。

图 13.1 智慧城市相关领域示意图

2020年，中央网信办等七部门联合印发《关于开展国家数字乡村试点工作的通知》，指出：数字乡村既是乡村振兴的战略方向，也是建设数字中国的重要内容；开展数字乡村试点是深入实施乡村振兴战略的具体行动，是推动农业农村现代化的有力抓手，也是释放数字红利催生乡村发展内生动力的重要举措。不同于城市，中国农村发展基础薄弱，数据资源分散，数据获取能力较弱、覆盖率低，重要农产品全产业链大数据、农业农村基础数据等建设也刚刚起步，这既是挑战，同时也充满着机遇，尤其是在国家乡村振兴战略、数字中国战略大背景下，拥有广阔的发展空间。图13.2为中地数码的数字乡村架构。

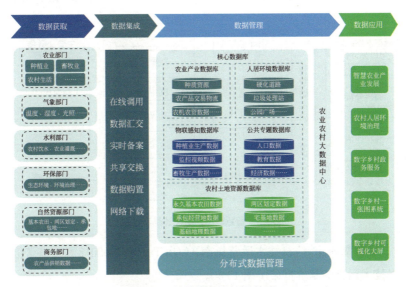

图13.2　中地数码数字乡村架构

可以预见，智慧城市和数字乡村作为国家战略中的重要组成部分，将在未来5～10年内获得快速发展机遇期。

第13章　AI+公共事务

## 13.2 智慧城市顶层设计标准及主要厂商思路架构

在智慧城市标准层面,也出台了一系列国家推荐标准,这些标准的出台在一定程度上为智慧城市建设提供了指引。《智慧城市 顶层设计指南》(GB/T 36333—2018)给出了智慧城市顶层设计的基本过程。如图 13.3 所示。

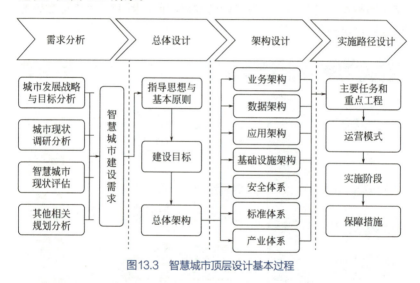

图13.3 智慧城市顶层设计基本过程

《智慧城市 信息技术运营指南》(GB/T 36621—2018)给出了信息技术运营的基本框架(图 13.4)。

给出了智慧城市评价指标体系总体框架(图 13.5)。

以上仅列举了三个智慧城市方面的标准,智慧城市方面的标准还有不少,这些标准的出台为现行智慧城市顶层设计、信息技术运营以及评价指标体系给出了重要参考。随着 5G 等新基建的推进和人工智能技术的进步,相信智慧城市的标准会随之提升。

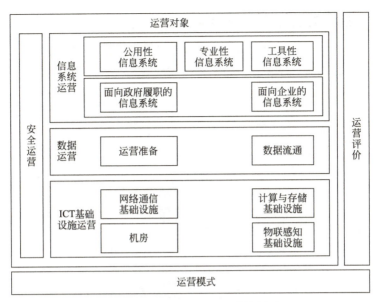

图13.4 智慧城市信息技术运营基本框架

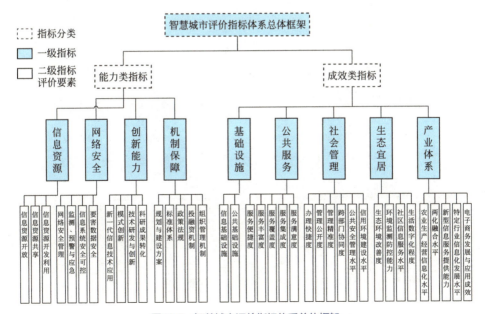

图13.5 智慧城市评价指标体系总体框架

第13章 AI+公共事务

## （1）腾讯智慧城市 WeCity

腾讯 WeCity（图 13.6）兼顾治理和增长的双目标，提出了"新空间、新治理、新服务"理念。

图13.6　腾讯WeCity

同时提出打造"一横六纵"的能力建设体系，如图 13.7 所示。

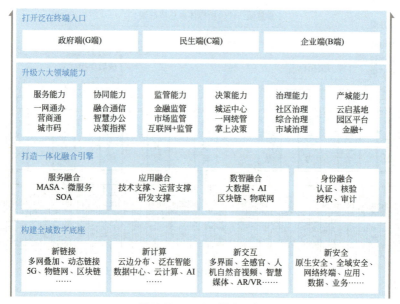

图13.7　WeCity技术平台

### (2) 百度智慧城市

百度提出部署自主可控的新一代智能政务云底座，构建云智一体的城市大脑，深度赋能四大领域的智慧应用场景，打造"1+1+4"的智慧城市总体架构，助力城市数字化转型，保障城市安全稳定运行。百度智慧城市的整体业务框架见图13.8。

图13.8　百度智慧城市整体业务框架

### (3) 阿里智慧城市

2016年，阿里提出了"ET城市大脑"，具体架构如图13.9所示。

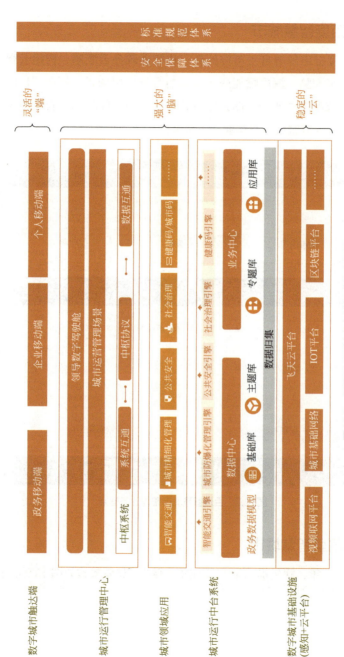

图13.9 阿里云ET城市大脑解决方案架构

## （4）华为智慧城市

华为提出了"1+1+N"的智慧城市建设思路，即"一个城市数字平台 + 一个智慧大脑 +N 个智慧应用"。智慧城市如何建设？按照一个城市的数字化转型需求从低到高，华为提出了建设智慧城市的马斯洛模型（图13.10）。

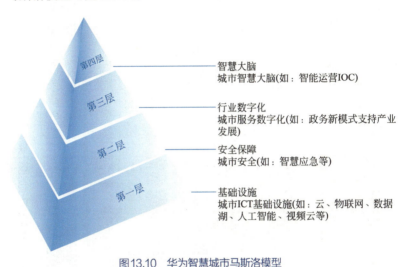

图13.10 华为智慧城市马斯洛模型

## （5）中国移动智慧城市

中国移动发布的《5G新型智慧城市白皮书（2021）》中介绍了基于 OneCity 的 1+1+3+N 整体架构体系，以及基于 OneCity 体系架构在城市治理、民生服务、产业经济、生态宜居四大领域的应用解决方案。中国移动的数字政府顶层设计架构见图 13.11（174 页）。数字乡村架构见图 13.12（175 页）。

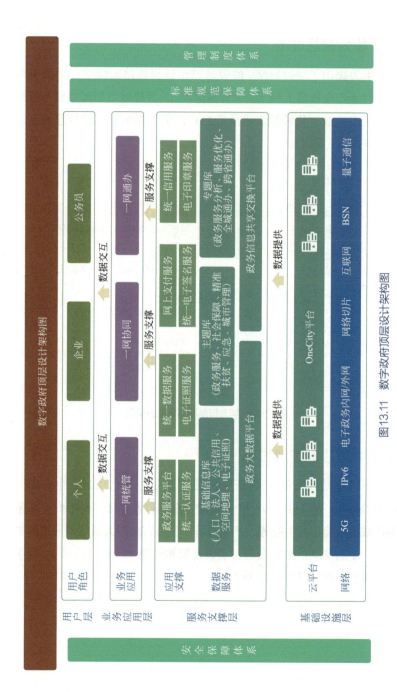

图13.11 数字政府顶层设计架构图

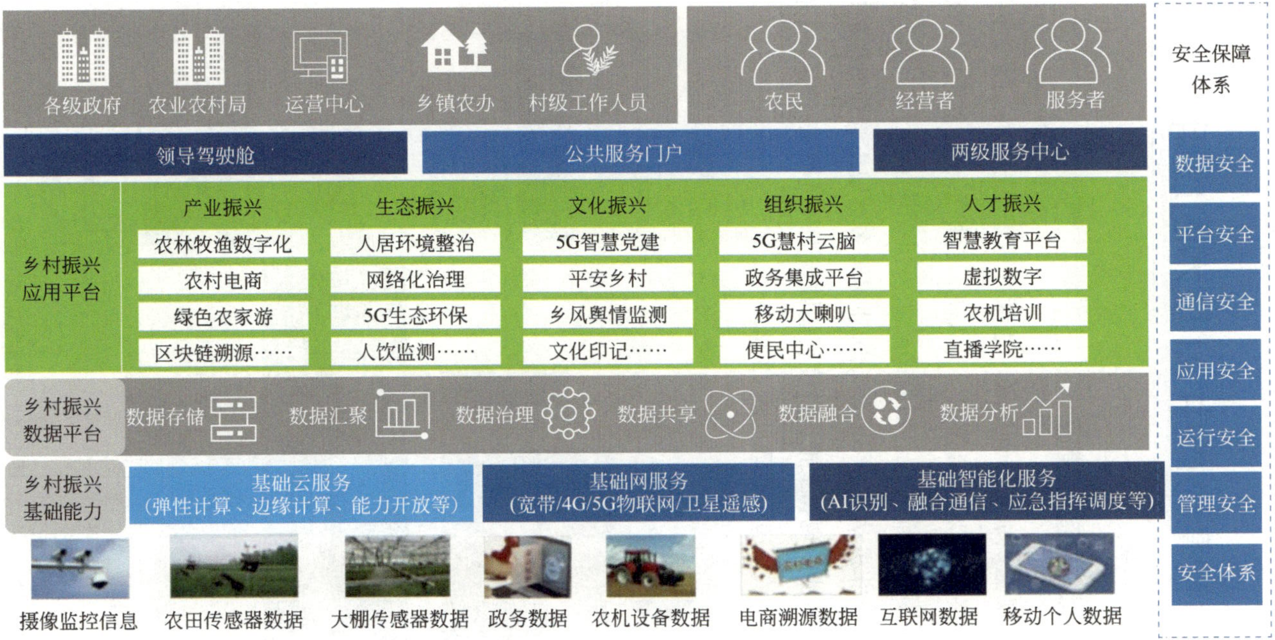


图13.12　数字乡村架构图

## 13.3 智慧城市中 AI 技术的应用

### (1) AI+ 城市案件管理

通过视觉识别、语音识别、边缘计算等 AI 技术，结合卫星图像、手持终端、城市摄像头、无人机、巡检车等设备形成物联网，实现城市事件智能管理，对暴露垃圾、积存垃圾渣土、垃圾满溢、占道经营、非机动车违停、机动车违停等多种城市管理案件的违法行为进行智能发现和上报。百度智能城市管理见图 13.13，人工智能技术应用于城市违法处理见图 13.14。

图 13.13　百度智能城市管理

图13.14 人工智能技术应用于城市违法处理

## （2）智慧城市中可视化与数字孪生的应用

智慧城市以为民服务全程全时、城市治理高效有序、数据开放共融共享、经济发展绿色开源、网络空间安全清朗为主要目标，而通过大屏进行城市某个领域的动态化展示，能够形象直观地进行监测和预警，便于第一时间发现问题，解决问题。数字冰雹的智慧交通可视化见图13.15。

图13.15 智慧交通可视化

而可视化更进一步发展则是数字孪生技术。数字孪生技术集成新型测绘、建模仿真、深度学习、智能控制等诸多先进技术，具有一一映射、虚实互动、智能定义等突出优势，已成为智慧城市未来发展的探索方向。

基于数字孪生技术，可对整个城市的三维全景进行真实复现；以大数据和系统融合为基础，将城市各部门的海量信息资源进行整合共享，让高价值情报信息快速传递，让各领域运行态势可知可感；可充分融合互联网+、云计算、人工智能、通信等技术应用，将信息、技术、设备与城市管理需求有机结合，能有效提升跨部门决策和资源协调指挥效能，帮助城市管理者提高城市运营管理水平，驱动城市管理走向精细化。

### （3）数字乡村数据智能管理中心

在我国，乡村数字化还处于初级阶段，数据信息收集、可视化和智能化管理成为首要任务。农业农村部、中央网络安全和信息化委员会办公室印发的《数字农业农村发展规划（2019—2025年）》中指出：巩固和提升现有监测统计渠道，完善原始数据采集、传输、汇总、管理、应用基础设施，强化数据挖掘、分析、应用能力建设，建立健全农业农村数据采集体系。

临安就是国家数字乡村试点之一。整合乡村资源、乡村经营、乡村治理、乡村服务四大模块，建成数字乡村数据中心。图13.16展示了杭州临安区数字乡村。

区农业农村局也提到将通过集成创新示范，创建数字孪生场景，做到天空地一体化的展示和管理，同时，立足临安厚重的乡村传统文化，推进乡土文化数字化。

由此可见，数字孪生技术将广泛应用于未来智慧城市。

图13.16 杭州临安区数字乡村

## (4)数字乡村中机器人的应用

《数字农业农村发展规划（2019—2025年）》中指出：实施农业机器人发展战略，研发适应性强、性价比高、智能决策的新一代农业机器人，加快标准化、产业化发展；开展核心关键技术和产品攻关，重点攻克运动控制、位置感知、机械手控制等关键技术；适应不同作物、不同作业环境，开发嫁接、扦插、移栽、耕地等普适性机器人及专用机器人；以畜牧生产高效自动化为目的，研制放牧、饲喂、挤奶、分级、诊断、搬运等自动作业辅助机器人；研制鱼群跟踪和投喂、疾病诊断等水下养殖机器人。

由于农村劳动力年龄老化，年轻人不愿意从事农业生产，因此，农村劳动力短缺成为主要问题。随着农产品生产朝规模化、多样化方向发展，农业机器人将拥有广阔市场。农业机器人在大田播种、果业采摘、设施农业、畜牧养殖、渔业养殖中已经开始应用。

图13.17为苏州博田自动化技术有限公司的设施农业机器人。

图13.17　设施农业机器人

## 13.4　AI+公共事务商业模式创新案例分析

深圳市在我国智慧城市建设中处于前列，2011年制定了中长期发展规划《智慧深圳规划纲要（2011—2020年）》。2018年7月发布的《深圳市新型智慧城市建设总体方案》提出到2020年实现"六个一"发展目标，即"一图全面感知、一号走遍深圳、一键可知全局、一体运行联动、一站创新创业、一屏智享生活"，重点推进"高速宽带网络工程、全面感知体系工程、城市大数据工程、智慧城市运行管理工程、智慧公共服务提升工程、智慧公共安全体系工程、智慧城市治理优化工程、智慧产业发展工程、网络安全保障工程、标准规范保障工程"十大工程建设。

图 13.18 展示了深圳市智慧城市建设总体平台框架，目前该平台运营方为 2019 年成立的深圳市智慧城市科技发展集团有限公司（下称"智慧城市集团"）。该智慧城市集团是由深圳市国资委整合市属国企资源、全资设立的智慧城市科技发展平台及智慧城市产业综合性运营服务商。

图13.18　深圳市智慧城市建设总体框架

《深圳市人民政府关于加快智慧城市和数字政府建设的若干意见》提出明确目标：到 2025 年，打造具有深度学习能力的鹏城智能体，成为全球新型智慧城市标杆和"数字中国"城市典范；融合人工智能（AI）、5G、云计算、大数据等新一代信息技术，建设城市数字底座，打造城市智能中枢，推进业务一体化融合，实现全域感知、全网协同和全场景智慧,让城市能感知、会思考、可进化、有温度。

深圳市智慧城市提出了打造人工智能应用创新高地,提到了增强现实/虚拟现实(AR/VR)、数字孪生城市等诸多人工智能技术,这在全国智慧城市建设中是走在前列的。这些技术的应用无疑将提高城市运行效率,节约办事时间,并且通过智能化发现城市运行短板,及时加以改进提升,将一个城市管理平台提升成一个能够不断进化的智能体。

# 第 14 章

# AI + 军事国防

## 14.1 AI+军事国防成为大势所趋且日益重要

人工智能利用大数据和云计算能够提前对战场形势作出预判，进而预测敌方行动。还可以利用无人武器进行无人化攻击，以减少战斗人员的伤亡。许多集成了人工智能技术的武器，能够在敌我对抗时得到更大辅助和取得先机。因此，各国都十分重视人工智能的军事化应用。随着世界各国的不断重视，人工智能（AI）在军事领域的应用和发展非常迅速，美国国防部于2018年6月宣布成立联合人工智能中心（JAIC）。该中心致力于研究将人工智能大规模应用在军事上，以提高美军智能化作战水平，使美军占据和保持军事优势。美国国防高级研究计划局（DARPA）的拒止环境中有人无人平台协同作战项目（图14.1）也是人工智能应用于作战的典型示例项目。

图14.1 美国国防高级研究计划局（DARPA）拒止环境中有人无人平台协同作战项目

美国陆军未来司令部发布广泛机构公告（BAA），列出了未来5年人工智能（AI）技术研究的11个关键领域，包括数据分析、态势感知、可视化、自主系统、安全和决策辅助等内容。

① 基于人工智能的自主地面/空中系统研究。

② 基于人工智能的数据分析/决策支持研究。

③ 基于人工智能的可视化展示。

④ 基于人工智能的多样化目标探测。

⑤ 基于人工智能的赛博/通信/PNT安全。

⑥ 基于人工智能的物联网技术。

由此看出，美国陆军已经将AI作为提升军事国防能力的重要手段，并开始按计划逐步开展相关工作。

俄罗斯总统普京在2021年首场国防部部务会议上表示，人工智能是改变未来战争规则的颠覆性技术，将推动军事领域变革。俄联邦武装力量要加快机器人、智能单兵系统和武器智能化载件等人工智能应用技术的研发工作，早日形成核心技术能力和战场竞争优势，成立国防部智能技术装备科研试验总中心、军用机器人发展委员会等机构。俄罗斯也发布了人工智能军事化领域的一系列政策文件，2019年11月，发布了《2030年前俄罗斯国家人工智能发展战略》，将人工智能发展提升到国家战略层面，致力于打造新的竞争优势，标志着俄式人工智能军事化进入"快车道"。

2016年，日本政府设立了"人工智能技术战略委员会"。日本防卫装备厅在2016年8月公布了《未来无人装备的研发前景》，强调随着AI自主控制技术的发展，推动陆上、水面水下、空中三大领域装备"无人化"的条件正在成熟。2018年，日本防卫省宣布，为强化对网络攻击的应对能力，将在日本自卫队的信息通信网络防御系统中引入人工智能技术。2021年9月，日本防卫装备厅在山口县岩国市设立水下无人潜航器试验基地。

2018年，德国发布了国家层面的《人工智能战略》，德国亨索尔特公司宣布，已成功研制一种基于人工智能的模块化机载电子战斗系统（图14.2）。使用了数字化硬件和人工智能算法，以探测基于雷达的威胁并采用有针对性的对抗措施。全数字设计能让系统在一个很宽的频率范围内对防空系统进行探测和识别。能从收到的脉冲序列中识别出新的威胁模式，这对于应对宽频段而且频率捷变的新型防空雷达系统尤其重要。

图14.2　雷达告警接收机配装"台风"战斗机发挥作用示意图

2018年5月21日，英国国防部部长加文·威廉姆森（Gavin Williamson）召开了首届英美国防创新委员会会议（US-UK Defence Innovation Board），宣布启动一个新的人工智能中心，以探索未来双方保持军事优势的重要合作领域。2021年5月至6月期间，美国和北约盟国在"强大盾牌"（Formidable Shield）军事演习中，英国皇家海军首次在海上防空反导场景中测试人工智能软件，在人工智能软件的协助下击中了来袭导弹。

2019年9月，法国国防部发布《人工智能的国防应用路线图》报告。设立部长级委员会，以非排他性方式决定由人工智能应用于军事领域的未来发展可能引发的伦理问题；在国防部内部建立并维护专家库。

## 14.2　AI 在军事国防领域的应用分析

① VR 应用。2021 年，英国国防部（MoD）公开了其"国防虚拟模拟2"（DVS2）合同招标信息，该合同涉及金额在 1000 万英镑（约合人民币 9000 万元）至 3000 万英镑（约合人民币 2.76 亿元）之间。DVS 功能由 Bohemia 交互式模拟以及该公司的 Virtual Battlespace 3（VBS3）形式提供，以在所有级别的培训中实现模拟训练，包括实时和虚拟培训。DVS2 系统设计的模拟培训内容包括：使用军用车辆、安全设备、枪炮和弹药、军舰、飞机导弹和宇宙飞船、军用电子系统。图 14.3 为英国的 VR 军事模拟训练。

图14.3　VR军事模拟训练

② 智能头盔。F-35 的相机系统所覆盖的范围数据将在显示系统（HMDS）上完整呈现，这扩大了驾驶舱窗外视野的范围，飞机侧面和下面的摄像机提供的实时视频可以显示整个飞机 360 度的视角，这使得飞行员朝下看时，飞机下方的图像就会显示在头盔显示器中。这个功能不仅在战斗时非常有用，也利于海军和海军陆战队的 F-35 在航母上或在夜间进行垂直降落。具体过程见图 14.4。

③ 无人机。2020 年 3 月，"卡古-2"攻击型四旋翼无人机，被编程为在不依靠操作员的情况下攻击目标，跟踪并攻击了正在撤退

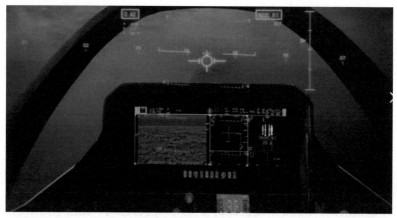

图14.4 F-35（HMDS）

的哈夫塔尔指挥的"利比亚国民军"，导致一名利比亚国民军成员死亡。这是通过人工智能技术赋予军用无人机进行自主识别、跟踪、攻击的典型例子。

④ 军用外骨骼。ONYX 是一种下半身动力外骨骼，采用了人工智能技术，可以有效增强使用者的力量和耐力，简单地说就是能跑得更快，而且跑得不那么累。这套系统主要由机电动力关节、传感器、微型计算机和电池组成。传感器将人的运动信号传导给计算机，由计算机决定机电动力关节需要提供的助力，从而减少人在奔跑时肌肉消耗的能量，并通过在整个动作中的某些阶段提供额外助力的方式，加快士兵完成战术动作的速度。同时因为微型计算机搭载了AI 系统，可以针对用户的动作习惯进行优化，更贴合每个士兵的个人习惯。

⑤ 人工智能太空。美国宇航局（NASA）发射的"毅力号"火星探测器已经搭载了多种机载人工智能系统。因为火星和地球通信有延迟，所以利用人工智能可以适时决策，避免通信延误带来不良影响。

"毅力号"火星探测器采用的地形相对导航（TRN）系统在火星登陆过程中起到重要作用，探测器上有一个摄像头，可以在降落到着陆地点时拍摄一张或多张图像。而探测器中存有一张地形图，可以与拍摄的这些图像进行匹配，并识别出其着陆位置。如果意识到可能降落在不安全的地方，将会在超声速下降到零的过程中自动转向，并降落到安全的着陆点。

美国宇航局的"好奇号"探测器已经采用了人工智能自主导航系统，而"毅力号"探测器的导航系统得到了极大的改进。"好奇号"探测器使用自动导航确定更短的距离，拍摄和计算立体图像，以确定哪些是障碍物，哪些是安全路径，然后沿着安全路径行驶。但实际上的行程很短，只有一两米。"毅力号"（图14.5）简化了算法，提高了整体功能，可以连续行驶。可以在行进时拍摄照片并处理数据，可以更快更远地自动导航。

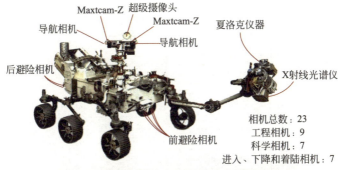

图14.5 "毅力号"火星车

第14章 AI+军事国防

## 14.3 AI+军事国防典型商业模式创新案例分析

IVAS 平台（AR 应用）：2018 年 11 月，美国陆军与微软达成协议，将其 HoloLens AR 头戴式设备的改良版用于训练。随后其与微软合作，对 HoloLens 的软硬件进行了大幅度修改，以创建 IVAS 平台，满足陆军独特的训练和作战需求。IVAS 是一个庞大系统，并不仅仅是一个 AR 头盔，图 14.6 展示了 IVAS 平台系统的构成。

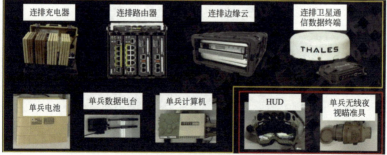

图14.6 IVAS平台系统

IVAS平台集成了下一代24/7态势感知工具和高分辨率模拟,以提供一个可以改善士兵感知、决策、目标获取和目标交战的平台,不仅能及时投射情报资料和画面给士兵,也能在演习场上投射虚拟信息给士兵。所有这些功能都将使训练士兵的敏捷性和训练方式的动态化变得更加容易。IVAS可以显示自己位置、队友位置、敌人位置(夜视),包括大楼内的重要标志物,在虚拟作战时可以充分感受到敌我双方开枪射击状态、各种口令、爆炸声、敌人哭声等,模拟效果逼真。

IVAS能够支持烟雾环境。美国士兵克劳福德指出,利用搭载热成像功能的增强现实显示器,一切都像是游戏一样,它会在视场前面投影方向,告知应该如何走并且朝哪里攻击。

IVAS还可以进行战术AR推演,相比于传统沙盘推演模式,更加形象逼真、实时动态,更能真实地反映战场态势。

2021年4月,美国陆军宣布授予微软价值最高可达218.8亿美元且期限为10年的集成视觉增强系统(Integrated Visual System,IVAS)合同。CNBC引述一位微软发言人称,十年供货数量将超过12万台。这是一个很大的数量和金额,足以支持微软HoloLens市场。

微软HoloLens眼镜价格对消费级市场来说较为昂贵,因此行业市场和定制化市场无疑是其优先发展方向。军队是个特殊的定制化市场,现代化战争要求强态势感知和协同作战指挥能力,微软HoloLens眼镜基于其增强现实功能和计算能力无疑具有满足军队需求的基本条件,在此基础上根据军队特定化要求,集成热成像、夜视、目标识别等能力,加强其坚固性及作战便利性功能,无疑与军队需求相吻合。在获得商业利益及通过军队市场完善其技术后,可以很快转移到消费级和行业市场,这无疑可以降低其研发成本,加速产品的完善并降低其价格,促进向消费级市场进军的进程。IVAS集成功能见图14.7。

图14.7 IVAS集成功能

可以得出,基于很多人工智能技术还处于探索阶段,通过占领某个特定市场,获取资金和使用反馈,加速技术发展,进而促进技术成熟转向更广泛的市场,将成为一种特定商业模式思路,具有一定的适用性和推广性。

# 第15章

# AI + 家庭生活

## 15.1 智能家居成为未来家庭的重要组成部分

智能家居是指利用互联网、物联网、人工智能等技术来实现家居生活智能化，让家居生活更加安全、舒适、方便、健康。

智能家居是随着电子信息技术发展到一定阶段必然出现的产物，笔者认为智能家居将沿着以下三个阶段快速推进。第一阶段，以智能单品为中心的智能家居；第二阶段，以场景为中心的智能家居；第三阶段，以智能机器人管家为中心的智能家居。

### （1）以智能单品为中心的智能家居

Amazon Echo（图15.1）是一款面向家庭生活的智能音箱，自上市以后销量快速增长，目前已经发展到第四代。主要功能有生活助手、娱乐功能、通话功能、家居控制等。

图15.1　Echo（第四代）

通过语音点播：播放音乐、笑话等。
生活助手：回答问题、播放新闻、检查天气、设置闹钟等。
家居控制：语音开灯，调节恒温器等。
通话：免提通话、全家通话。

科沃斯沁宝 AIRBOT（图 15.2）空气智能净化器是一台智能化、可行走的空气净化器。除了能够清除甲醛、苯等新居的有害气体之外，它还能杀灭病毒、过滤花粉，可预防呼吸道疾病。开启全屋净化功能之后，机器人会满屋子溜达，它有一个 D-ToF 激光雷达，可以很快地扫描房间，识别并生成地图，行进过程当中会自动避开障碍物，并不会撞上去，实现一台空气净化器就可以治理所有房间的空气。

图15.2　科沃斯沁宝AIRBOT

## （2）以场景为中心的智能家居

海尔智家旗下三翼鸟是场景化智能家居的代表之一，定位于"一站式定制智慧家平台"（图 15.3）。提供阳台、厨房、浴室、全屋空气、全屋用水、视听等智慧家庭全场景解决方案。依托智家体验云平台，连接用户、企业、生态方，提供个性化方案。

图15.3 海尔智家三翼鸟一站式定制智慧家平台

"三翼鸟"是通过将各领域各行业各品类合作伙伴链入智家体验云平台,共同打造爆款场景服务用户需求,来实现开源增收共创共赢。

在智家体验云平台上,用户可以管理网器,给网器升级,让它不断学习新功能,比如无感支付场景,冰箱发现鸡蛋没了、牛奶不多时会自动下单补给,洗衣机检测到洗衣液余量不足时就会自动购买。

这标志着海尔从后装家电走向前装家电,从前端装修入手打造场景化智能家居平台,更早接触客户,不仅仅局限于海尔自身产品,还可以通过打造生态链来提供定制化服务。

杭州行至云起科技有限公司的 LifeSmart 云起,提供包括软件、硬件和服务在内的完整解决方案。包括家庭安防、舒适生活、智能灯光、节能环保等全场景的产品系列。LifeSmart 云起支持 Wi-Fi、BLE、ZigBee、Z-Wave 和自主研发的 CoSS 协议。它是一个开放平台,通过开放的 API 架构,行业用户可以实时调用 LifeSmart API 接口。云起的 AIoT 产品生态架构见图 15.4。

如图 15.5 所示,云起的智能安防系统能够通过手机进行安防管理,实时监控家中动态,保证家居安全。

图15.4 AIoT产品生态架构

图15.5 智能安防

从上面两个例子可以看出,在智能家居还没有形成统一标准的情况下,以生态链方式切入场景化智能家居,融合发展的模式将成为主流。

## (3)以智能机器人管家为中心的智能家居

目前,仿人机器人的智能化程度还不是很高,还无法充当我们家庭生活中的管家角色。但随着技术不断进步革新,我们可以从电影《机器管家》中机器人安德鲁（图15.6）作为管家和马丁一家人一同生活的画面设想到未来高度智能化机器人充当管家服务于我们家庭生活的场景。

图15.6 《机器管家》中机器人安德鲁

## 15.2 家庭生活中的教育、医疗等服务机器人

教育、医疗、养老是家庭生活中不可或缺的三个重要组成部分。机器人具有感知、决策、执行等基本特征，可以辅助甚至替代人完成一些工作。因此，在上述三个场景中拥有广阔应用前景。下面我们就分析和解读一下现状和展望一下趋势。

① 教育机器人。目前市场上的教育机器人主要有陪伴教育机器人、可编程教育机器人两种。

陪伴教育机器人：主要以教辅+娱乐为主，同时拥有通信、家居控制等功能，可以理解为学习机升级版。国内科大讯飞、小米等企业已推出了系列产品。科大讯飞旗下阿尔法蛋（图15.7）是其中

尺　　寸：直径232mm×高282mm
电　　池：7000mAh锂电池
摄像头：主摄500万+智能摄像头800万
内　　存：2G运行+32G存储
网　　络：Wi-Fi/2.4G+5G双频
收　　音：4mic声源阵列
充　　电：约3小时
续　　航：约5~7小时(默认亮度和音量情况下)

图15.7　阿尔法蛋大蛋2.0

的代表之一。

可编程教育机器人：可编程机器人就是将标准化组件按照不同排列进行组合和程序编制，可以使机器人拥有不同的形态和功能。目前的可编程教育机器人通常会提及STEAM教育，即通过可编程机器人培训实现STEAM教育目标。

STEAM是科学（Science）、技术（Technology）、工程（Engineering）、艺术（Arts）、数学（Mathematics）五个英文名称取首个字母缩写。STEAM教育最早是由美国政府提出，2015年，中国教育部发布了《关于"十三五"期间全面深入推进教育信息化工作的指导意见（征求意见稿）》，明确提出未来五年探索STEAM教育、创客教育等新型教育模式。

可编程教育机器人企业主要有乐高、大疆等。图15.8是乐高的一款可编程教育机器人。强调通过对标准件的编程，在玩乐中锻炼STEAM能力。

② 家庭医疗机器人。在医疗机构，导诊机器人、医疗配送机器人、医疗消毒机器人、手术机器人、康复机器人等已经广泛应用开来，

图15.8 MINDSTORMS® 头脑风暴机器人发明家

但在家庭医疗机器人领域还处于探索阶段。

现有的家庭医疗机器人一般具有实时监测心率血压、定时语音提醒、分配药物、紧急呼救、线上问诊等功能，并不具备基本医疗处置功能。国外 Pillo Health 公司曾推出了一款"Pillo"（图 15.9）家庭健康机器人，可以提醒按时吃药，还能根据时间为每个用户合理分配药物。还能进行语音互动，回答用户提出的一些医学问题。

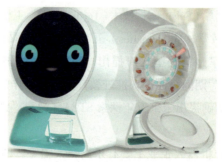

图15.9　Pillo

MIT 赵选贺团队在 Nature 上发表论文，首创磁控软体导丝机器人，这款磁控软体导丝机器人兼具柔软性、微型化、3D 打印、精准模型、远程控制等多功能优势，在外加磁场的控制下，磁控软体导丝机器人可以快速巡航复杂血管网络模型。该技术成熟后，能帮助医生在远程控制下，针对复杂血管网络，进行快速导航和微创手术，加入光导纤维后有可能用激光来处理堵塞淤血。该技术成熟后，除了在医疗机构具有广大应用前景，未来非常有可能开发出家庭医疗处置机器人，可以自行或在医生指导下进行清创和除淤血等医疗工作。这正是未来家庭医疗机器人急需的发展方向。

③ 厨师机器人。上海爱餐机器人（集团）有限公司的味霸机器人（图15.10）厨师由控制屏、自动下料仓、铁釜炒锅、调料盒等主

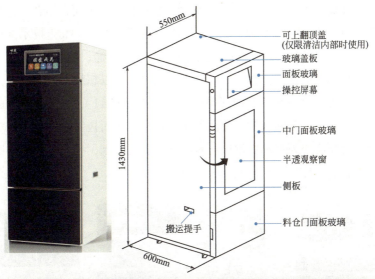

图15.10　味霸机器人

要部件组成,具有海量菜谱、菜谱编程、一键炒菜、无油烟排放、自动洗锅等功能。有智能操作界面,可以进行各种自主设置,味道和火候都可以调节。

## 15.3 智能家居与未来生活典型商业模式创新案例分析

成立于2011年的深圳市欧瑞博科技股份有限公司,结合人工智能(AI)与物联网(IoT)技术,构建了空间智能化 AIoT 技术架构体系,实现了多模态分布式的交互系统的主动智能。

既不是机顶盒,也不是计算机,欧瑞博是以超级智能开关为交互中心覆盖全生活空间的智能产品矩阵(图15.11)。智能开关集成了智能网关、智能音响、湿温度传感器、空调面板等不同设备的功能,因此能作为控制中枢进行智能化管理和控制,智能开关支持语音、触摸、APP等多种交互方式。

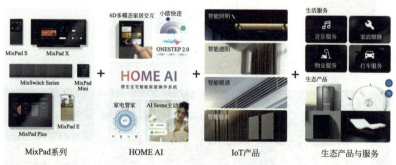

图15.11 以超级智能开关为交互中心覆盖全生活空间的智能产品矩阵

HOME AI(图15.12)是具有主动智能多模态的全宅智能家居操作系统,拥有"ONESTEP""就近唤醒""小欧快连""家电管家""AI Scene"等诸多行业内首创的 AI 交互技能,已连接近千万台设备,同时支持主流的第三方 IoT 平台。

图15.12　HOME AI系统

MixPad X 内置了强大的多协议智能网关功能,原生内置 Wi-Fi、蓝牙 5.0、ZigBee3.0 等协议,实现不同协议下千种设备的互联互通。打通开关、灯光、地暖、新风、空调等标配的产品,这正是现阶段普通家庭生活所需的。其还有隐藏的充电宝功能(图 15.13)。

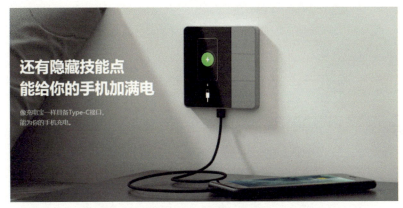

图15.13　充电宝功能

2019 年 5 月份,欧瑞博宣布完成了美的置业、红星美凯龙领投的 1.3 亿元 C 轮融资。美地置业在全国数百个社区采用欧瑞博的智能家居产品,MixPad 系统可直接跟美的 IoT 生活电器产品做深度整合。

欧瑞博商业模式的成功，首先是其核心产品智能开关技术过硬，拥有完全自主知识产权的 5G+AI+IoT+Cloud 技术，获得了 300 多项专利以及 50 多项软件著作权。其次，是其集成多种互联互通协议，实现了很好的兼容性。再次，其美观设计与人性化设计也给产品加分，比如，可以作为充电宝来给手机充电，看似一个很简单的功能正是满足了便易充电的需要。最后，选择下游和关联方进行融资，既解决了资金问题，也在一定程度上解决了市场推广和技术合作问题，助推了企业发展。

综上，可以看出，智能家居企业成功绝不仅仅是简单的技术成功，一定是综合技术、市场等多种重要要素下的商业模式成功。

# 第 16 章

# AI 展望

## 16.1  AI 的重要发展方向和趋势

### 16.1.1  人工智能技术商业化广度和深度在提速

人工智能已经在农业、工业、家居、金融、交通、医疗、养老、国防军事等领域广泛应用,且广度和深度在不断高速拓展。人工智能技术应用于这些垂直行业领域,至少产生了以下深远影响:

① 人工智能上升为世界各国的国家战略;
② 在一定程度上改变了生产方式,提高了生产效率、降本增效;
③ 变革乃至淘汰落后生产方式,创造了新增长点;
④ 改变了商业模式,孕育了新生业态和新消费场景;
⑤ AI+ 行业融合愈加紧密,跨学科人才受到重视;
⑥ 人工智能技术突破促进创新创业,独角兽企业不断涌现;
⑦ 技术进步带来的安全隐患和隐私问题成为关注焦点;
⑧ 人工智能引发职业需求结构性变化和就业协同问题;
⑨ 人工智能关键技术突破将影响人类社会文明进程。

人工智能技术进步和商业化进程取决于诸多因素,既有来自于其他相关领域的技术驱动,也有来自于外部环境的影响,具体见图 16.1。

图16.1  人工智能商业化进程影响要素

## 16.1.2 元宇宙构建和发展离不开人工智能技术支撑

元宇宙这一概念最早出自尼尔·斯蒂芬森1992年出版的科幻小说《雪崩》。小说里描述的元宇宙是一个脱胎于现实世界，又与现实世界平行、相互影响，并且始终在线的虚拟世界。元宇宙并不是一个新概念，但基于人工智能、数字孪生、VR、区块链等新技术的出现和发展，使得人们意识到了处于概念阶段的元宇宙成为现实的可能，所以成为热点。

元宇宙基于XR技术提供沉浸式体验，基于数字孪生技术生成数字形象，基于区块链技术将虚拟世界与现实世界身份安全融合，支撑元宇宙经济系统的有序运转，保障数字资产和数字身份安全，并且允许每个用户进行内容生产和编辑。元宇宙被认为是互联网的终极形态。

首先，元宇宙世界的组成元素——"人""物""场"既可以是虚拟世界的数字作品，也可以是真实世界的数字重建。这些内容的高效生成离不开人工智能。利用AI工具可以自动地生成内容或进行内容增强。一些标准化场景、建筑、物品、外形等可以通过AI工具生成，还可通过AI工具增强内容呈现质量。

其次，在元宇宙中也要进行感知、交互、决策，这些都离不开大数据和人工智能的支撑。换句话说，现实世界中人工智能的应用都可以延展到元宇宙中，而元宇宙中可以进一步发展人工智能，成熟后应用于现实世界。

最后，元宇宙本质其实是一个数字化世界，边界是可以无限拓展的，随着内容增多和逐步复杂化，对AI算力只能要求越来越高，会比现实世界更离不开人工智能。

### 16.1.3 高度智能化有待量子计算、类脑芯片等前沿技术的突破

相对于将0和1组成的比特流转换成其他比特流的传统计算操作，量子计算是一种截然不同的计算方式。量子计算以量子比特为基本单元，利用量子叠加和干涉等原理实现并行计算，具有经典计算技术无法比拟的巨大信息携带量和超强并行计算处理能力，随着量子比特位数的增加，其计算存储能力还将呈指数级规模拓展。量子计算将有可能使计算机的计算能力大大超过今天的计算机，但仍然存在很多障碍。大规模量子计算所存在的重要问题是，如何长时间地保持足够多的量子比特的量子相干性，同时又能够在这个时间段之内做出足够多的具有超高精度的量子逻辑操作。量子计算将在算力方面实现质的突破，这有助于人工智能技术突破和商业化进程加速。图16.2为D-Wave的量子处理芯片。

图16.2　D-Wave量子处理芯片

类脑芯片：现代计算机架构都是基于冯·诺依曼结构，这种结构会将程序和数据分开存储，一是指令集，二是数据集，计算机在运算过程中，需要在CPU和内存这两个区域往复调用，对于少量数据流而言还好，但是对于大数据而言，问题就出现了。以目前人工智能领域用得比较多的神经网络计算来说，神经网络需要大量的计

算和训练过程,因此计算和负荷都特别大,传统冯·诺依曼结构的计算机要么计算时间太长,要么处理器功耗较高,一个形象的例子就是玩高配游戏时需要专用电脑,而且处理器还得加装液冷等装置来辅助散热。为了解决 CPU 在大量数据运算中效率低和能耗高的问题,目前有两种发展路线:一是沿用传统冯·诺依曼架构,主要以 3 种类型的芯片为代表,即 GPU、FPGA、ASIC;二是采用人脑神经元结构设计芯片来提升计算能力,以完全拟人化为目标,追求在芯片架构上不断逼近人脑。类脑芯片模拟人脑进行设计,相比于传统芯片,在功耗和学习能力上具有更大优势。类脑芯片架构就是模拟人脑的神经突触传递结构。众多的处理器类似于神经元,通信系统类似于神经纤维,每个神经元的计算都是在本地进行的,从整体上看神经元是分布式进行工作的,也就是说把整体任务进行了分工,每个神经元只负责一部分计算。在处理海量数据时这种方式优势明显,并且功耗比传统芯片更低。

国内外有许多公司和机构正在类脑芯片研发上投入大量精力,美国在此项研究上开始较早,2014 年 IBM 就推出了业内首款类脑芯片 TrueNorth(图 16.3)。

图16.3　IBM的TrueNorth

## 16.2　AI 高速发展带来的法律和伦理问题

当然，人工智能发展有推动社会进步的一面，也必将会带来一系列问题和隐患，首要的就是法律和伦理问题。

### 16.2.1　人工智能高速发展带来的法律问题及解决思路

**法律问题**：数据是 AI 的血液。数据数量与质量往往直接决定了 AI 在场景中应用的效果。诸多 AI 公司将具备海量数据作为竞争优势，这本身并没有错，很多 AI 商业确实需要海量数据来完成深度学习训练，进而实现商业模式构建。

**国家安全问题**：用户数据面临着被滥用和泄露的风险，有些泄露可能不仅牵扯到个人隐私，还可能威胁到国家安全。例如，2021 年 7 月 2 号，"网信中国"发布公告：为防范国家数据安全风险，维护国家安全，依据国安法、网络安全法对"滴滴出行"实施网络安全审查。

**隐私保护问题**：数据采集应获得被采集人授权，数据采集的初衷，是利用 AI 给人们的生活带去便利，并不是让个人隐私"裸奔"。但人工智能的应用却使一些公司在未经用户同意的情况下也能获取其个人信息，并可能用于营利活动，例如：使用导航软件时，其本意只是希望告知此次出行的目的地，但厂商却可能借此存储并分析其出行习惯；在使用人脸识别产品时，用户为了通过认证需要展现自己的完整面部，但服务商却存在将其面部特征予以存储并用于其他方面的可能。人机交互性决定了人工智能公司有能力不经用户同意而直接收集其个人隐私信息。当然，随着国家法律的完善和大众对隐私的不断重视以及人工智能公司意识到风险的存在，越来越多

AI公司会先签署授权协议，这的确能让隐私泄露问题有所改善，但应在深层次的技术层面和法律层面进行综合考量并完善，只有这样才能从事后惩戒走向事中监管和事前预防。比如：强化技术标准，实现精准防控；制定强制和推荐性技术标准，从技术源头上加强对信息的保障，防止用户身份信息的泄露。以无人驾驶为例，由于汽车数据极其重要，是监控汽车安全性不可或缺的信息，在设计无人驾驶系统时可以将"车辆运行信息"与"个人隐私"分别存储，分类制定不同的信息处理方式，确保个人隐私得到保护。还可以构建权威的审批机构来负责审查各类人工智能产品的隐私保护情况，给合格者颁发许可证，禁止不合格产品的发行，通过行政监管的力量对人工智能市场实施适度干预。如何实现用户个人服务与隐私之间的平衡，既保护数据隐私和安全，又能达到智能技术与人文伦理的双赢，是全球监管机构和产业各方都不得不深入探讨的课题。

隐私和安全问题是现阶段人工智能面临的首要法律问题，随着人工智能技术的进步，更多法律问题有待进一步跟进完善，比如人工智能法律主体问题、知识产权、虚拟世界立法、机器人犯罪等。因此，除了制定标准和规定在技术层面有所约束外，在立法进程上也应该跟上技术发展的步伐。

## 16.2.2 人工智能高速发展带来的伦理问题及建议

当前和今后很长一段时间，人工智能尚不具备自我意识，但随着人工智能的高速发展，必将会带来一系列的伦理问题。在现实生活中，我们已经可以在养老院中发现老人护理机器人，在家庭中发现儿童陪伴机器人，甚至还有机器人女友；随着这些机器人逐步智能化，人类如果与机器人产生情感问题，将不得不面对来自伦理方面的挑战。

日本就曾推出名为"妻子"的机器人（图16.4），拥有人的情绪表情以及动作，长得也和真人非常贴近，甚至外观比许多女人看上去更加漂亮。这款机器人的皮肤也是由特殊材质制成，触感比普通人的皮肤还要光滑细腻。

图16.4　日本美女机器人"妻子"

试想，当机器人女友越来越接近人类的时候，那么肯定会涉及伦理方面的问题，不排除机器人女友成为第三者，甚至有人想和机器人女友结婚。

未来，当人类有能力制造出更智能的机器人，其能够与人类产生一定程度的情感联系，并具备初步自我意识时，这时的人工智能超越机器的属性，伦理问题将更加棘手，我们不得不需要提前思索和制定规范，避免引起社会混乱。

## 16.3　AI带来的机遇和挑战

### 16.3.1　人工智能技术进步让人类拥有探索更多未知领域的能力

人工智能技术的进步让很多不可能成为可能，比如，利用机器人进行更远的外太空探索和海底探测、地下和洞穴探测等。

在外太空探索领域，机器人可以完成烦琐、单调或连续的工作，也可以执行重要任务，比如，为人类的准备工作做好侦察。机器人不需要氧气，因此可以率先将机器人送上未知星球，来探测星球的辐射到底有多严重，寻找水源以及探测是否存在变异基因，甚至可以考虑未来利用机器人种地，等等。更加智能和拥有持续工作能力的机器人将能够在外太空探索中承担更多的使命，将加快外太空探索的进程和探索更多的未知领域。

在深海探测领域，由于人类能承受的压力比较小，所以最多只能潜几十米的深度，往往为了潜入较深的水中，潜水员需要穿上防压服才可以，下潜深度有限，且不能长时间在水下工作，而定制化机器人不存在承压问题，能较长时间工作，且不畏艰险。在2016年的时候，Oussama教授团队研发的"海洋一号"机器人就从地中海91米深的沉船里，成功打捞起350年前的一件文物。曾经在执行任务过程中，还出现过一次有惊无险的经历，由于水下清晰度不够，"海洋一号"卡在水底无法出来，由于是在100米深的海域中，潜水员也无法下去解救，当时几乎所有人都认为这次任务失败了，但好在机器人具有强大的前肢能力，成功解救出自己了。因此，随着技术进步，水下深潜机器人将具有更广阔的应用前景。

在地下和洞穴探测领域，为了对火星熔岩管进行探测，NASA设计出了洞穴漫游者。2019年，NASA机器人团队遥控洞穴漫游者（图16.5）深入位于美国加州东北部的熔岩床国家纪念碑的瓦伦丁洞穴，在熔岩管壁上寻找生命迹象。通常情况下，在洞穴中照明时，洞穴内微生物材料层和矿床会造成复杂的颜色阵列，不利于研究观测。但洞穴漫游者配备了科学相机和成像工具，可接收从洞穴壁表面反射的少量光线，能帮助科学家识别揭示出洞穴内的生命迹象。洞穴漫游者还配有激光扫描仪，能够精确绘制出地下洞穴的地图。

图16.5 洞穴漫游者机器人

## 16.3.2 必须警惕人工智能底层芯片技术垄断性带来的威胁

　　IBM、Alphabet、英特尔、特斯拉、苹果、微软、脸书、亚马逊等巨头企业都在加大他们在人工智能领域的投资和研发，以便他们能凭借领先的人工智能技术在市场中处于支配地位，这种技术垄断带来的市场支配地位一旦形成，因为没有更多选择余地，将会使没有该项技术的国家、企业和市场处于全面被动地位，这不仅是企业层面、经济层面，而且是国家安全层面的威胁。

　　这点尤其可以从半导体芯片领域看出端倪。计算机CPU芯片被英特尔和AMD两家芯片巨头所垄断，GPU市场也被英特尔、AMD和NVIDIA所垄断，这些芯片巨头都是美国企业，这已经形成了国家级技术垄断和封锁。事实上，人工智能发展离不开最底层的芯片技术，我们再怎么发展人工智能技术，如果不解决底层芯片技术的根基问题，实际上还是一直处于被动和被支配局面。

　　根据海关总署数据，2021年中国进口的芯片金额约4326亿美元，同比增长23.6%，创下历史新高。像计算机CPU、GPU等主要电子产品的核心芯片都严重依赖进口，未来人工智能领域一旦基于国外芯片进行开发和应用设计，假如在芯片层级安有后门的话，后果不堪设想，不排除未来出现科幻电影中机器人和无人机等集体叛变情况。也许有人觉得这是天方夜谭，但在 2016 年，美国自由软件基金会 FSF 就曾刊文讨伐 Intel ME 引擎会完全控制用户电脑，而且用户很可能完全不知情。

因此，从国家安全角度出发，中国尽早在人工智能的芯片层级布局具有十分重要的意义。

### 16.3.3 人工智能技术的发展对就业带来的影响

人工智能既能促进经济增长和创造就业，又会产生就业替代效应。一方面，人工智能通过与各领域产业深度融合，大规模推动企业智能化升级，培育新智能经济形态，从而创造大量新就业机会。另一方面，会出现机器代替生产工人的现象，从而使就业岗位减少，造成劳动力剩余。尤其是简单重复性越强，标准化、流程化程度越高的行业，越容易被人工智能所替代。

对于劳动者而言，需要进行知识更新。劳动者要使自己能够适应人工智能带来的职场的变化。对于政府部门，需要营造一个良好的就业环境。要给予劳动者更多的培训和受教育机会。只有通过再培训，才能使劳动者适应新的岗位要求。还要推动职业教育发展，提供更多的职业培训机会，让更多人能够学习新知识、新技能。

最后，要建立更加适应时代变迁的社会保障网络和有效的税收调节机制，以解决因新技术发展带来的社会财富分配不均问题。

# 结语

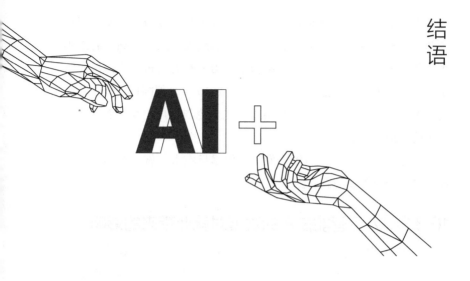

## 智能时代新商业浪潮

当今世界,人工智能技术无所不在,并高速发展着,人工智能与行业结合带来了诸多商业机会,既有对传统行业的迭代升级,也有颠覆性的商业模式变革,还有新商业业态的诞生。可以说,人工智能技术和行业、市场的融合产生了智能时代的新商业浪潮,如何成为智能时代新商业浪潮的弄潮儿是无数企业家、商家、创业者、科学家、上班族、学者等需要思考的课题。本书正是从这个视角出发,剖析了智能时代的新商业机会、商业模式,以及诸多成功案例,希望给读者以启迪。

我们看到,一些领域的人工智能技术已经相对成熟,更多地需要和产业结合,以及不断结合实际进行技术推进和升级,探索新商业模式,比如,无人机在诸如农业、消防领域的应用;一些重要新商业业态的解锁需要人工智能技术的突破,因此一些关键人工智能技术的研发和产业化进程决定着很多新商业业态的进程，比如：微型医疗机器人还需要诸多技术突破和临床验证。在智能时代新商业浪潮中，技术的含金量和市场敏感性显得十分重要，尤其是如何找到两者的结合点，实现新商业模式突破至关重要。除此之外，还要充分考虑行业监管和是否会被快速复制，这样才更可能成功。

我们还看到，人工智能领域越底层的技术，越有话语权，也能够获利更大，但有些底层技术的突破往往不是一朝一夕的事情。因此，在很多人工智能底层领域不可避免地出现了技术垄断，它处于生态链的最底层，相当于掌控着整个生态链的咽喉。这种关键性垄断技术不仅使得企业在市场中处于支配地位，在达到一定技术水平和程度后，甚至可能对国家安全乃至人类安全产生深远影响，这是需要加以防范和控制的。

总之，新商业浪潮给我们以机会和发展的同时，也带来诸多问题、风险和不确定性，这些不确定性是我们以前从来没有面对过的，充满着诸多挑战和未知，因此需要进行预判，从法律、技术标准等多个层面加以控制，既不能阻碍技术发展，也不能让技术带来商业化失控，甚至让人类社会面临巨大威胁和风险。这不仅是一国一企的事情，应是全球政府、企业家和技术专家需要共同担负起的责任。

让我们追逐和拥抱智能时代的新商业浪潮，并成为弄潮儿吧！

# 参考文献

[1] 吕文晶，陈劲，刘进.工业互联网的智能制造模式与企业平台建设——基于海尔集团的案例研究.中国软科学，2019（7）: 1-13.

[2] 工业互联网产业联盟.工业互联网平台白皮书，2017.

[3] 罗磊，赵宁.人工智能在物流行业的应用综述与发展趋势.物流技术与应用，2021（7）: 116-121.

[4] 胡稚弘.金融科技创新赋能智慧旅游.金融电子化，2019（11）: 15-17.